»PROLETARIER ALLER LÄNDER, VEREINIGT EUCH!«

Die Reihe »Geschichte, Theorie & Kritik« ist eine Sammlung von Texten zum Studium der Geschichte und Philosophie, der Natur-, Wirtschafts- und Sozialwissenschaften, insbesondere aber der marxistischen Theorie.

Wie in den anderen Reihen wurde auch hier auf der Grundlage der letzten uns zugänglichen Ausgaben gearbeitet. Quellenangaben erfolgen, soweit möglich, nach Werkausgaben und Sammelbänden.

Redaktionelle Anmerkungen früherer Auflagen wurden unter Angabe der Quelle übernommen. Fußnoten stammen, sofern nicht anders angegeben, vom Autor. Spätere Überarbeitungen des Originaltextes durch den Autor wurden, soweit bekannt, von der Redaktion berücksichtigt. Diese wurden stillschweigend übernommen, sodass der vorliegende Text so weit wie möglich der vom Autor beabsichtigten Endfassung entspricht. Rechtschreibung und Zeichensetzung wurden an die Rechtschreibreform 2006 angepasst, der Textinhalt blieb unverändert. Die Zitierweise ist APA 7, Text in eckigen Klammern entspringt der Redaktion. Die Daten in Russland bis zum 14. Februar 1918 sind nach dem julianischen Kalender (alter Kalender) angegeben. In Klammern folgt das entsprechende Datum nach dem gregorianischen Kalender (neuer Kalender).

Die in den Texten dieser Schriftenreihe zum Ausdruck gebrachten Meinungen müssen nicht notwendigerweise mit denen der Redaktion übereinstimmen. Wir bitten die Leser:in stets um eine sachliche und differenzierte Auseinandersetzung mit dem Text.

Einige Bände enthalten ein Register und ein Glossar.

Wir wünschen viel Spaß beim Lesen. DIE REDAKTION

Abbildung 1: *W.A. Karpinski (o.D.).*

WIE DIE SOWJETUNION REGIERT WIRD

DER STAATSAUFBAU DER SOWJETUNION UND DIE RECHTE UND PFLICHTEN DER SOWJETBÜRGER

W.A. Karpinski

Fortschrittsverlag
»Geschichte, Theorie & Kritik«
kontakt@fortschrittsverlag.de
https://fortschrittsverlag.de

Berlin, 2024
Druck: IngramSpark
2. Auflage

ISBN: 978-3-911323-04-8

Nach: Karpinski, W.A. (1946). *Wie die Sowjetunion regiert wird: Der Staatsaufbau der Sowjetunion und die Rechte und Pflichten der Sowjetbürger.* SWA.

Vorliegender Band: Karpinski, W.A. (2024). *Wie die Sowjetunion regiert wird: Der Staatsaufbau der Sowjetunion und die Rechte und Pflichten der Sowjetbürger.* Fortschrittsverlag.

INHALT

WIE DIE SOWJETUNION REGIERT WIRD

VORWORT (2024)

Die vorliegende Broschüre von Wjatscheslaw Alexejewitsch Karpinski mit dem Titel »Wie die Sowjetunion regiert wird: Der Staatsaufbau der Sowjetunion und die Rechte und Pflichten der Sowjetbürger« erschien erstmals 1947 im SWA-Verlag (Berlin). Der SWA-Verlag bestand 1946–1949 als offizieller Verlag der Sowjetischen Militäradministration (SMAD) neben dem Haus der Kultur der Sowjetunion in Berlin und der Redaktion der Täglichen Rundschau. Mit seiner publizistischen Offensive versorgte er die demokratische und antifaschistische Öffentlichkeit in Deutschland mit einer Fülle von Literatur aus den Bereichen des Marxismus-Leninismus, der sowjetischen Erzählliteratur, Wörterbüchern, Kinderbüchern, Märchenbüchern, Fabeln, Länder-, Tier- und Naturgeschichten sowie Notizbüchern und Tagebüchern bekannter Persönlichkeiten, wie z.B. dem Polarforscher Iwan Dmitrijewitsch Papanin. Mit diesen Publikationen sollte nicht nur die sowjetische Kultur allen Interessierten nähergebracht werden, sondern auch der Stil des sozialistischen Realismus in der Literatur (wie z.B. durch die Veröffentlichung der übersetzten Werke des sowjetischen Autors Maxim Gorki) einer breiten Öffentlichkeit zugänglich gemacht werden. Durch das antifaschistisch ausgerichtete

Verlagsprogramm sollte die Kulturpolitik von Joseph Goebbels und ihr Einfluss auf Teile der deutschen Bevölkerung rückgängig gemacht werden. Vorurteile, die ihren Ursprung im Nationalsozialismus hatten, aber auch nach dem Ende des Zweiten Weltkrieges durch die westliche antikommunistische Propaganda im Rahmen des Kalten Krieges weiter geschürt wurden, dass es sich bei »den Russen« um einen Haufen »kulturloser Barbaren« handele, wurden damit entschieden bekämpft. Obwohl die Vermutung nahe liegen könnte, dass der SWA-Verlag vom sowjetischen Informationsbüro betrieben wurde, unterstand der SWA-Verlag allein der SMAD und hatte daher mit dem Sowinform relativ wenig zu tun. Zwischen 1945 und 1949 veröffentlichte der SWA-Verlag 202 Werke in deutscher Übersetzung mit einer Gesamtauflage von 10 Millionen gedruckten Büchern. Die SMAD war nur einer von mehreren Trägern der kulturellen Arbeit zur ideologischen Vernichtung des Faschismus in Deutschland nach dem Zweiten Weltkrieg. Eine weitaus bedeutendere Rolle spielte der von deutschen Kulturschaffenden selbstständig gegründete Kulturbund zur demokratischen Erneuerung Deutschlands (1945–1958; Deutscher Kulturbund, 1958–1974; Kulturbund der DDR, 1974–1990). Für eine ausführliche Darstellung der Kulturpolitik der Sowjetischen Militäradministration in der SBZ und ihre kulturelle Arbeit in Gesamtdeutschland, siehe Becker (2007).

Wjatscheslaw Alexejewitsch Karpinski (1880–1965), der Autor der vorliegenden Broschüre, spielt eine wichtige Rolle in der Geschichte des russischen Marxismus. Er stammte aus der zentralrussischen Stadt Pensa und arbeitete unter Wladimir Iljitsch Lenin in Genf für die Zeitungen Wperjed [Vorwärts] und Proletarii [Proletarier] und unterstützte die Arbeit der Prawda [Wahrheit]. In den Jahren des Ersten Weltkriegs organisierte er die Herausgabe der Zeitung Sozialdemokrat, in der viele Werke Lenins zum ersten Mal gedruckt wurden. W.I. Lenin schrieb über 100 Briefe an W.A. Karpinski. Ab 1917 arbeitete er für die Zeitung Derewenskaja Prawda [Dorfwahrheit], die von J.M. Jaroslawski herausgegeben wurde. 1917 leitete W.A. Karpinski die Propaganda- und Bildungsabteilung des Allrussischen Zentralen Exekutivkomitees (ZEK). Während des Bürgerkrieges 1918–1920 gab er die Zeitungen Krasnaja Swesda [Roter Stern] und Bednota [Die Armut, d.h. die arme Bauernschaft] heraus. 1918–1927 war er Redaktionsmitglied der Prawda, der offiziellen Parteizeitung der KPdSU(B). 1936–1937 arbeitete er im Apparat des Zentralkomitees der KPdSU(B). Seit 1937 war er wissenschaftlich und literarisch tätig. Er war Delegierter auf dem 8., 16. und 22. Parteitag der KPR(B) bzw. der KPdSU(B). Außerdem war er Mitglied des 1.–7. Allrussischen ZEK. Sein literarisches Werk ist umfangreich. Neben seinen Artikeln in Zeitungen und Zeitschriften veröffentlichte er auch eine Reihe von Broschüren und Büchern, von denen sich viele mit W.I. Lenin, der Geschichte der KPdSU(B) und den Prinzipien des Staatsaufbaus der UdSSR befassten. Einige davon sind auch in deutscher Sprache erschienen. Als Träger von drei Leninorden erhielt er 1962 den Titel »Held der sozialistischen Arbeit« in Anerkennung seiner hervorragenden Arbeit seit den Anfängen der russischen Sozialdemokratie und als einer der treuesten Gefolgsleute Lenins. Er starb am 20. März 1965 und wurde auf dem Nowodewitschi-Friedhof [Neujungfrauenfriedhof] in Moskau beigesetzt.

Seine vorliegende Broschüre beschäftigt sich mit dem Regierungssystem in der Sowjetunion. War sie undemokratisch? War sie gar eine despotische Diktatur, die der Willkür eines Alleinherrschers unterliegte? Es ist sehr wohl möglich eine eindeutige Antwort darauf zu finden. Am 26. Februar 2008 wurde ein ehemals als »SECRET« eingestufter CIA-Bericht aus den 1950er Jahren erstmals der Öffentlichkeit zugänglich gemacht. Er enthält den folgenden Absatz:

> »Even in Stalin's time there was collective leadership. The Western idea of a dictator within the Communist setup is exaggerated. Misunderstandings on that subject are caused by lack of comprehension of the real nature and Organization of the Communist power structure [Selbst zu Stalins Zeiten gab es eine kollektive Führung. Die westliche Vorstellung von einem Diktator im kommunistischen System ist übertrieben. Die Missverständnisse zu diesem Thema sind auf mangelndes Verständnis der tatsächlichen Natur und Organisation der kommunistischen Machtstruktur zurückzuführen]« (Central Intelligence Agency, 195X).

In der westlichen Hemisphäre sind Geheim- und Nachrichtendienste in der öffentlichen Meinung in vielen Bevölkerungsschichten verpönt. Verständlich, wenn man ihre alles andere als der internationalen Völkerverständigung dienenden Aktivitäten in der subversiven Arbeit im In- und Ausland bedenkt. Will man sich ein Bild vom Kenntnisstand der eigenen Regierung machen, kommt man aber nicht umhin, sich mit deren Informationen in Form von Primärquellen zu beschäftigen. Der CIA-Bericht räumt ein, dass das in der westlichen Öffentlichkeit vorherrschende Bild einer »Diktatur im kommunistischen System« auf mangelnde Kenntnisse über die »tatsächliche Natur und Organisation der kommunistischen Machtstruktur« zurückzuführen sei. Damit wollen wir euch etwas entgegenkommen. Wie kann eine Diktatur, die uneingeschränkte Herrschaft der Werktätigen, »undemokratisch« sein? Ist sie tatsächlich undemokratischer als ein System, in dem die politischen Entscheidungsträger:innen kaum bis gar keine gesellschaftliche Verankerung haben? Arbeitnehmer:innen werden hierzulande, in der BRD und andernorts, in politischen Entscheidungsprozessen weitgehend umgangen. Organisationen mit breiter gesellschaftlicher Basis, Gewerkschaften, Jugend- und Naturschutzverbände haben nur eingeschränkte Anhörungsrechte, während Unternehmensverbände, in den USA unter anderem die Chamber of Commerce, in Deutschland der Bund deutscher Arbeitgeber und die IHKs den Ton angeben.

Gilens & Page (2014, S.575) stellen fest: »[The] preferences of the average American appear to have only a minuscule, near-zero, statistically non-significant impact upon public policy [Die Präferenzen des Durchschnittsamerikaners scheinen nur einen winzigen, nahezu unbedeutenden, statistisch nicht signifikanten Einfluss auf die öffentliche Politik zu haben]«. Eine Zusammenfassung der Ergebnisse der oben genannten Studie hat die Initiative Represent Us (2015) vor acht Jahren auf ihrem YouTube-Kanal veröffentlicht und damit einem breiten Kreis von Interessierten in greifbarer Form zugänglich gemacht. Die Broschüre von W.A. Karpinski versteht sich als radikaler Gegenentwurf zur öffentlichen Wahrnehmung des sowjetischen Gesellschaftssystems. Es ist ein unter anderen Bedingungen, als den heute vorgefundenen, entstandenes Selbstzeugnis. Der Anhang enthält den Eintrag *Allgemeine Informationen über die Sowjetunion* aus der *Großen Sowjetenzyklopädie,* sowie einen höchst empfehlenswerten, sich durch seinen formellen Schreibstil auszeichnenden Überblick über das sowjetische Staatssystem vom Rechtswissenschaftler I. Lewin. Im März 1946 wurden die *Volkskommissariate* in *Ministerien* umbenannt. Dies hatte keine praktischen Auswirkungen auf ihre Arbeit, sondern stellte lediglich einen Schritt zur Modernisierung der russischen Beamtensprache dar. Dadurch erklärt sich auch der plötzliche Wechsel von *Volkskommissaren* zu *Ministern* im Anhang. Der Text wird abgerundet von zwei Reden J.W.

Stalins vom 11. Dezember 1937 und vom 9. Februar 1946, die beide auf einer Wählerversammlung in Moskau gehalten wurden. Als weiterführende Lektüre empfehlen wir als Primärliteratur die Verfassung von 1936, darüber hinaus jedoch auch Karewa (1949/1950), Michailow et al. (1950), Roter Morgen (1996), Furr (2005a, 2005b), Kogan (2012), Kubi (2015) und Lomb (2018). Kritisch verweisen wir auf Meissner (1962), nicht zuletzt wegen des umfangreichen Anhangs. Die *Große Sowjetenzyklopädie,* eine Art *kommunistisches Wikipedia,* enthält umfangreiche und fachlich geprüfte Artikel zu verschiedenen Themen rund um das Sowjetland, darunter seiner kommunistischen Partei, Wirtschaft, Natur- und Artenvielfalt, Geschichte, Bevölkerung, seinem sozialistischen Städtebau und vielen anderen Themenkomplexen. Wir legen sie allen interessierten Leser:innen ans Herz. Die Redaktion

W.A. KARPINSKI

WIE DIE SOWJETUNION REGIERT WIRD

EINFÜHRUNG

Nach dem Sturz des Zarismus und der Errichtung der Sowjetmacht im Oktober 1917 entstanden auf dem Gebiet des früheren zaristischen Russlands einige, von verschiedenen Nationalitäten bevölkerte, selbstständige sozialistische Republiken: die Russische, Ukrainische, Belarussische, Transkaukasische und die übrigen sozialistischen Sowjetrepubliken. Die Sowjetvölker mussten einen dreijährigen bewaffneten Kampf ausfechten gegen die innere Konterrevolution und die ausländische Intervention. In diesem Kampf bildeten sich gleich von den ersten Tagen an brüderliche Beziehungen und ein brüderliches Zusammenwirken zwischen den Sowjetvölkern heraus. Die Sowjetrepubliken traten in ein Vertragsverhältnis zueinander. Bald überzeugten sie sich davon, dass ihre Lebensinteressen eine Vereinigung in einem einheitlichen Bundesstaat forderten.

Die Erfahrung dieses bewaffneten Kampfes gegen die Feinde lehrte, dass sich keine einzige Sowjetrepublik gegen einen Überfall von außen für genügend geschützt halten kann ohne eine Vereinigung der militärischen Kräfte und Mittel aller Sowjetrepubliken.

Nicht minder überzeugend lehrte der wirtschaftliche Aufbau, dass keine einzige Sowjetrepublik nach dem

Kriege ihre Wirtschaft wiederherstellen und weiterentwickeln kann ohne eine Vereinigung der wirtschaftlichen Hilfsquellen aller Sowjetrepubliken.

Außerdem begünstigte das Bestehen der Sowjetmacht selbst, die alle Werktätigen ohne Unterschied der Nation um sich vereinigte, die Bildung eines Einheitsstaates aus den Sowjetrepubliken.

Aus diesen Gründen fassten die Sowjetrepubliken auf ihren Kongressen 1922 den Beschluss, sich zu *einem* Staat zu vereinigen.

Die Vereinigung der Sowjetrepubliken wurde auf dem I. Allgemeinen Kongress der Sowjets aller Republiken durchgeführt, der am 30. Dezember 1922 in Moskau stattfand. Nach dem Bericht J.W. Stalins nahm der Kongress einstimmig die Deklaration an sowie den Vertrag über die Vereinigung der Sowjetrepubliken zu *einem* Bundesstaat mit einheitlicher Zentralgewalt—*zur Union der Sozialistischen Sowjetrepubliken (UdSSR).*

Großes Verdienst um die Vereinigung der Sowjetvölker zu einem einheitlichen Bundesstaat haben Lenin und Stalin. Die erste Verfassung der UdSSR wurde unter Leitung J.W. Stalins ausgearbeitet und vom II. Sowjetkongress der Union der Sozialistischen Sowjetrepubliken am 31. Januar 1924 bestätigt.

Im Verlaufe der folgenden Jahre gingen im Leben des Landes tiefgehende Veränderungen vor sich: aus dem industriell rückständigen Lande wurde eine starke Industriemacht, die sozialistische Form der Produktion wurde in der Industrie zur herrschenden Form. In der Landwirtschaft entstand an Stelle der unzähligen kleinen Einzelwirtschaften das mächtige System der Kollektivwirtschaften und Sowjetwirtschaften, die auf dem gesellschaftlichen Eigentum an den Produktionsmitteln beruhen. Im Zusammenhang mit diesen Veränderungen in der Ökonomik des Landes verschwanden in der UdSSR die Ausbeuterklassen.

All diese Veränderungen machten die Einführung einer neuen Verfassung notwendig. Am 5. Dezember 1936 wurde auf dem Außerordentlichen VIII. Sowjetkongress der UdSSR eine neue Verfassung der Union der SSR angenommen. Diese Verfassung verankerte gesetzgeberisch alles, was die Werktätigen des Sowjetlandes faktisch schon errungen hatten.

Schon allein die Tatsache des 28-jährigen Bestehens der UdSSR und die beispiellose Standhaftigkeit und der Heldenmut, womit die Sowjetunion den barbarischen Überfall durch das faschistische Deutschland abgewehrt hat, zeugen davon, dass die große Sowjetdemokratie der festeste Staat in der Welt ist.

I. Kapitel:
EIN FREIWILLIGER BUND GLEICHBERECHTIGTER SOWJETVÖLKER

1. Was ist der Sowjetbundesstaat?

In Artikel 13 der Verfassung der UdSSR heisst es:

»Die Union der Sozialistischen Sowjetrepubliken ist ein Bundesstaat, gebildet auf der Grundlage freiwilliger Vereinigung gleichberechtigter Sozialistischer Sowjetrepubliken«.

In diesem Artikel wird auf die drei Prinzipien des Staatsaufbaus der UdSSR hingewiesen.

Das erste dieser Prinzipien besteht darin, dass die Sowjetunion *ein Bundesstaat mit einer einheitlichen, demokratisch zentralisierten Staatsgewalt ist.*

Den höchsten Staatsorganen der UdSSR werden durch die Verfassung große und weitreichende Rechte eingeräumt. Dank dieser Zentralgewalt war die Sowjetunion fähig, alle Kräfte und Mittel der Unionsrepubliken zu vereinigen, ihren wirtschaftlichen und kulturellen Aufstieg, ihre politische und ökonomische Unabhängigkeit zu sichern.

Gleichzeitig ist die Zentralgewalt der Sowjetunion

aufgebaut nach den demokratischen Prinzipien, die den Unionsrepubliken die souveränen Rechte und alle Möglichkeiten einer freien Entwicklung gemäß ihren nationalen Besonderheiten wahren.

Das zweite Prinzip des Staatsaufbaus der UdSSR ist die *Freiwilligkeit* der Vereinigung der Sowjetrepubliken zu einem einheitlichen Bundesstaat. Der Begründer der Sowjetunion J.W. Stalin lehrt, dass keine Vereinigung der Völker in einem einheitlichen Staat von Dauer sein kann, wenn ihr nicht *die volle Freiwilligkeit* zugrunde liegt, wenn die Völker selbst sich nicht vereinigen wollen. Die Sowjetunion ist die erste, völlig freiwillige staatliche Vereinigung von Völkern in der Welt. Darin besteht ihre große Kraft.

Das dritte Prinzip des Staatsaufbaus der UdSSR ist die Gleichberechtigung der vereinigten Sowjetrepubliken. Die Vereinigung der Sowjetrepubliken auf der Grundlage der Gleichberechtigung hat die Interessen der Staaten, die sich vereinigten, nicht nur nicht im Geringsten verletzt, sondern hat im Gegenteil diese Interessen noch besser sichergestellt, wobei alle Republiken im gleichen Maße die Vorteile der Vereinigung genießen. Die Gleichberechtigung festigt die Freundschaft der Sowjetvölker und ist eine der Ursachen für die große Kraft der Sowjetunion.

Gegenwärtig gehören zur Sowjetunion 16 Unionsrepubliken, die die Namen der Völker tragen, aus denen diese Republiken gebildet sind:

Die Russische Sozialistische Föderative Sowjetrepublik, die Ukrainische Sozialistische Sowjetrepublik, die Belarussische Sozialistische Sowjetrepublik, die Aserbaidschanische Sozialistische Sowjetrepublik, die Georgische Sozialistische Sowjetrepublik, die Armenische Sozialistische Sowjetrepublik, die Turkmenische Sozialistische Sowjetrepublik, die Usbekische Sozialistische Sowjetrepublik, die Tadschikische Sozialistische Sowjetrepublik, die Kasachische Sozialistische

Sowjetrepublik, die Kirgisische Sozialistische Sowjetrepublik, die Karelo-Finnische Sozialistische Sowjetrepublik, die Moldauische Sozialistische Sowjetrepublik, die Litauische Sozialistische Sowjetrepublik, die Lettische Sozialistische Sowjetrepublik und die Estnische Sozialistische Sowjetrepublik.

2. Was ist eine Unionssowjetrepublik?

Eine der Formen der freien national-staatlichen Existenz der Sowjetvölker ist die *Unionssowjetrepublik.*

Die Unionsrepublik ist ein nationaler sozialistischer Sowjetstaat der Arbeiter und Bauern, der von diesem oder jenem Volke geschaffen wurde und einen unmittelbaren Bestandteil der Sowjetunion bildet.

Jede Unionsrepublik besitzt ihre eigene Vertretung unmittelbar im Obersten Sowjet der UdSSR in Person von 25 Deputierten, die von den Bürgern der Republik gewählt werden.

Beim Eintritt in die Sowjetunion behält jede Republik ihre Selbständigkeit und *staatlichen Hoheitsrechte* (Souveränität) in allen Fragen, mit Ausnahme derjenigen, in denen sie ihre Rechte freiwillig der Sowjetunion in Gestalt ihrer höchsten Machtorgane übertragen hat. Darüber heißt es in Artikel 15 der Verfassung der UdSSR:

> »Die Souveränität der Unionsrepubliken ist nur durch die in Artikel 14 der Verfassung der UdSSR angegebenen Grenzen beschränkt. Darüber hinaus übt jede Unionsrepublik die Staatsgewalt selbstständig aus. Die UdSSR schützt die souveränen Rechte der Unionsrepubliken«.

Worin drücken sich denn nun die Selbständigkeit

und die souveränen Rechte der Unionsrepubliken aus?

Jede Unionsrepublik hat ihre eigene *Verfassung*—das *Grundgesetz der Republik.* (Artikel 16 der Verfassung der UdSSR.) Jeder Unionsrepublik ist das *Recht* gesichert, *Gesetze* über alle Fragen zu erlassen, mit Ausnahme solcher, die der Zuständigkeit der Sowjetunion unterliegen. (Artikel 59 der Verfassung der UdSSR.)

Das Volk jeder Unionsrepublik kann in seiner Verfassung allen Besonderheiten seines Landes, seiner Wirtschaft, seiner Kultur und seiner Lebensweise Rechnung tragen. Es ist nur notwendig, dass diese Verfassung in voller Übereinstimmung mit den Grundprinzipien der Verfassung der UdSSR abgefasst ist.

Nach der Verfassung hat jede Unionsrepublik das *Recht, aus der Sowjetunion ungehindert auszutreten.* Das wird in Artikel 17 der Verfassung der UdSSR festgelegt:

> »Jeder Unionsrepublik bleibt das Recht auf freien Austritt aus der UdSSR gewährleistet«.

Zwar gibt es keine Republiken, die aus der Sowjetunion austreten möchten.[1] Aber Artikel 17 wurde auf Vorschlag J.W. Stalins aufgenommen, um mit aller Deutlichkeit die volle Freiwilligkeit des Eintritts der Sowjetrepubliken in die Union und ihre wirkliche Souveränität zu unterstreichen. Jede Unionsrepublik ist eine Randrepublik, womit ihr die faktische Möglichkeit gesichert wird, ihr Recht auf Austritt aus der UdSSR zu verwirklichen.

Artikel 18 der Verfassung der UdSSR untersagt, das Territorium der Unionsrepubliken ohne deren Zustimmung zu ändern. Damit wird eines der wichtigsten Souveränitätsrechte eines jeden Staates gesichert—das Recht auf ein *bestimmtes* Territorium. *Nur mit Einverständnis der Unionsrepublik selbst kann ihr Gebiet geändert werden.* In der Verfassung ist das Territorium jeder Unionsrepublik genau bestimmt und die territoriale Teilung innerhalb der Unionsrepublik ist genau aufgezeigt.

Jede Unionsrepublik besitzt *ihre höchsten Organe der Staatsgewalt und der Staatsverwaltung*: den Obersten Sowjet, das Präsidium des Obersten Sowjets, den Rat der Volkskommissare und die Volkskommissariate der Unionsrepubliken. (Artikel 57, 61, 79) der Verfassung der UdSSR.

Die Verfassungen aller Unionsrepubliken enthalten Artikel, die die Hoheitsrechte jeder gegebenen Republik festlegen. So heißt es z.B. in den Verfassungen der Lettischen, Litauischen und Estnischen Sozialistischen Sowjetrepubliken, dass jede von ihnen »die Staatsgewalt selbstständig ausübt und ihre souveränen Rechte vollständig beibehält«.

Die Stalinsche Verfassung verpflichtet die Sowjetunion, *die souveränen Rechte jeder Unionsrepublik zu schützen.* (Artikel 15 der Verfassung.)

Die Verfassung der UdSSR garantiert den Unionsrepubliken, dass im Falle eines Angriffs imperialistischer Mächte auf eine der Republiken die Sowjetunion ihre ganze Macht in Bewegung setzen und die Unabhängigkeit dieser Republik verteidigen wird.

Die Bedeutung dieses Artikels zeigte sich in voller Größe in dem Augenblick, als Hitler die Sowjetunion räuberisch überfiel. Die UdSSR wandte sich mit ihrer ganzen Macht gegen die frechen Eindringlinge.

3. Was ist eine autonome Sowjetrepublik?

Eine andere Form des freien nationalen Staatsaufbaus der Sowjetvölker ist die *autonome Sowjetrepublik.*

Die Völker, die auf dem Gebiet dieser oder jener Unionsrepublik leben und einen mehr oder minder bedeutenden Teil ihrer Bevölkerung bilden, besitzen das Recht, ihren eigenen autonomen Staat mit einer eigenen Verfassung zu bilden, mit eigenen höchsten Organen der Staatsgewalt und Staatsverwaltung, mit eigenen Gerichtsorganen, Universitäten, Schulen und anderen Kulturinstitutionen, die ihre Tätigkeit in der Sprache des betreffenden Volkes ausüben.

Die autonome Republik ist ein nationaler sozialistischer Sowjetstaat der Arbeiter und Bauern, der einen Bestandteil einer der Unionsrepubliken und durch sie auch der Sowjetunion bildet.

Die autonome Republik besitzt unabhängig von der Bevölkerungszahl ihre eigene besondere Vertretung unmittelbar im Obersten Sowjet[1] der UdSSR in Person von 11 Deputierten, die von den Bürgern der Republik gewählt werden.

In der Sowjetrepublik gibt es 16 autonome sozialistische Sowjetrepubliken. Im Rahmen der Russischen Sozialistischen Föderativen Sowjetrepublik bestehen folgende autonome sozialistische Sowjetrepubliken: die Baschkirische, die Burjat-Mongolische, die Dagestanische, die Kabardinische, die der Komi, die Marijische, die Mordwinische, die Nordossetische, die Tatarische, die Udmurtische, die Tschuwaschische, die Jakutische.

Im Rahmen der Georgischen Sozialistischen Sowjetrepublik bestehen die Abchasische und die Adscharische Autonome Sozialistische Sowjetrepublik. In der Aserbaidschanischen Sozialistischen Sowjetrepublik besteht die Nachitschewanische Autonome Sozialistische Sowjetrepublik. Zur Usbekischen Sozialistischen Sowjetrepublik gehört die Karakalpakische Autonome Sozialistische Sowjetrepublik.

Die befreiten Sowjetvölker, die autonome sozialis-

---

1 **Die Red.:** Sowjets sind basisdemokratische Arbeiter:innenräte, die sich während der Revolutionen von 1917 entwickelten. Wörtlich bedeutet »Sowjet« *Rat.*

tische Republiken geschaffen haben, entwickelten in kurzer Zeit ihre Wirtschaft und ihre Kultur. Nehmen wir als Beispiel die Autonome Sozialistische Sowjetrepublik der Komi, die sich im Nordosten des europäischen Teils der UdSSR befindet mit einer Bevölkerung von ungefähr 320.000 Menschen. Im zaristischen Russland war dem Volke der Komi sogar verboten, sich mit ihrem eigenen Namen zu nennen: sie wurden »Syriani« genannt. Die Komi waren arm, unwissend und Analphabeten. Hauptsächlich lebten sie vom Holzfällen, Fischfang und von der Jagd. In der ganzen Region gab es drei handwerksmäßig betriebene Fabriken. Das Volk der Komi starb aus.

In der Autonomen Sozialistischen Sowjetrepublik der Komi hob sich die Holzindustrie in den Jahren der Sowjetmacht um das 22-fache, die Anbauflächen wurden um das Dreifache erweitert, es wurden Sägemühlen, Ziegeleien, Konservenfabriken, Kalkbrennereien, Wildledergerbereien, Stärke-, Sirup-, und andere Fabriken errichtet. Neue Wege wurden und werden noch weiter angelegt, was hier große Voraussetzungen schafft für die Entwicklung einer großen Steinkohle- und Erdölindustrie. In der Republik gibt es 487 Elementar- und Mittelschulen, 22 technische Lehranstalten und 2 Hochschulen. Das Analphabetentum der Bevölkerung ist bis auf drei Prozent gesunken.

4. Was ist ein autonomes Gebiet und ein nationaler Bezirk?

Die kleinen Völkerschaften, die als kompakte Masse einen Teil des Territoriums irgendeiner Unionsrepublik oder einer Region bewohnen, besitzen gleichfalls die volle Möglichkeit, sich selbstständig, entsprechend ihren nationalen Besonderheiten, zu verwalten. Sie bilden *autonome Gebiete* oder *natio-*

nale Bezirke im Rahmen dieser oder jener Region oder unmittelbar im Bestande einer der Unionsrepubliken.

Die Frage der Schaffung eines autonomen Gebiets oder eines nationalen Bezirks löst das daran interessierte Volk selbst vollkommen freiwillig. Führen wir ein Beispiel an: *Bergkarabach* in Transkaukasien zählt ungefähr 150.000 Einwohner, wobei die Armenier 89 Prozent und die Aserbaidschaner 10 Prozent der Bevölkerung bilden. Bei der Diskussion der Frage eines Bergkarabachischen autonomen Gebiets erstand unter anderem die Frage, wozu dieses Gebiet gehören soll: zur Armenischen Sozialistischen Sowjetrepublik, mit der die überwiegende Mehrheit der Bevölkerung dieses Gebiets durch nationale Bande verknüpft ist, oder zur Aserbaidschanischen Sozialistischen Sowjetrepublik, mit der Karabachien durch seine geografische Lage und seine Wirtschaftsbedingungen verbunden ist. Die Frage entschieden die Bürger Bergkarabachs selbst: sie beschlossen, sich der Aserbaidschanischen Sozialistischen Sowjetrepublik anzuschließen.

Nach der Verfassung der Sowjetunion ist das höchste Organ der Staatsgewalt eines autonomen Gebiets *der Gebietssowjet der Deputierten der Werktätigen*, der sein Exekutivkomitee wählt.

Es gibt in der UdSSR neun autonome Gebiete, sechs von ihnen befinden sich in Regionen, die zum Bestande der Russischen Sozialistischen Föderativen Sowjetrepublik gehören. Das Adygeische autonome Gebiet gehört zur Region Krasnodar, das Jüdische autonome Gebiet zur Region Chabarowsk, das Tscherkessische autonome Gebiet zur Region Ordschonikidse, das Oirotische autonome Gebiet zur Region Altai, das Chakassische autonome Gebiet zur Region Krasnojarsk. Die übrigen drei autonomen Gebiet unterstehen unmittelbar den Unionsrepubliken. Das Bergkarabachische autonome Gebiet untersteht der Aserbaidschanischen Sozialistischen Sowjetrepublik, das Südossetische autonome

Gebiet der Georgischen Sozialistischen Sowjetrepublik und das Berg-Badachschanische autonome Gebiet der Tadschikischen Sozialistischen Sowjetrepublik.

In den nationalen Bezirken ist das Organ der höchsten Staatsgewalt nach der Verfassung der UdSSR *der Bezirkssowjet der Deputierten der Werktätigen*, der sein Exekutivkomitee wählt.

Es gibt in der UdSSR neun nationale Bezirke. Sie alle bestehen im Rahmen der Regionen und Gebiet der Russischen Sozialistischen Föderativen Sowjetrepublik und befinden sich hauptsächlich im Norden Sibiriens. Der Hauptunterschied zwischen den autonomen Gebieten und den nationalen Bezirken einerseits und den gewöhnlichen administrativen Gebieten und gewöhnlichen administrativen Bezirken andererseits besteht darin, dass jene nach nationalen Kennzeichen gebildet sind und ihre freie Vertretung unmittelbar im Obersten Sowjet der UdSSR in Person von Deputierten besitzen, die von den Bürgern der Gebiet bzw. Bezirke gewählt werden: unabhängig von der Bevölkerungszahl werden von jedem autonomen Gebiet fünf Deputierte und von jedem nationalen Bezirk ein Deputierter gewählt. Diese Deputierten vertreten die Interessen des autonomen Gebiets bzw. des nationalen Bezirks im Obersten Sowjet.

Die Verfassung der Unionsrepubliken enthält eine besondere *»Bestimmung über das autonome Gebiet«*.

Die Landesorgane der Staatsgewalt der autonomen Gebiete müssen auf Grund[lage] dieser Bestimmung tätig sein. Diese von den Gebieten selbst ausgearbeiteten Bestimmungen werden vom Obersten Sowjet der entsprechenden Unionsrepublik bestätigt. Das ist ein weiteres Unterscheidungsmerkmal des autonomen Gebiets gegenüber dem administrativen Gebiet.

Der Sowjet der Deputierten der Werktätigen des nationalen Bezirks und sein Exekutivkomitee müssen auf

Grund[lage] einer besonderen vom Obersten Sowjet der Republik zu bestätigenden *»Bestimmung über den nationalen Bezirk«* arbeiten.

Die Bildung autonomer Gebiet und nationaler Bezirke half den kleinen Völkerschaften in der Sowjetunion wieder aufzuleben und sich zu entfalten. Im zaristischen Russland waren sie zur Ausbeutung und Unterdrückung, waren sie zum Aussterben verurteilt. Viele von ihnen lebten ausschließlich von der Rentierzucht und der Jagd, steckten ständig in Tierhäuten und wussten nicht, was ein geheiztes Haus ist. Eine seltene Ausnahme war es, dass jemand von ihnen lesen und schreiben konnte. Viele dieser Völkerschaften besaßen nicht einmal eine eigene Schrift.

Unter der Sowjetmacht begannen die kleinen Völkerschaften, die in ihren nationalen Gebieten und Bezirken organisiert waren, ihre eigene Wirtschaft zu entwickeln: sie beschäftigen sich mit Landwirtschaft und Gemüsebau, haben Hornvieh eingeführt, besitzen eigene Kollektivwirtschaften und begannen in warmen, sauberen Häusern zu wohnen. Sie schufen ihr eigenes Schrifttum. Analphabeten, meist alte Leute, bilden unter diesen Völkerschaften heute einen geringen Prozentsatz.

Wählen wir als Beispiel *das Chakassische autonome Gebiet.* Es liegt am Jenissei und seinem Nebenfluss Abakan und besitzt 270.000 Einwohner. Chakassien ist ein überaus reiches Land mit gewaltigen Vorräten an Kohle, Eisen, Molybdän, Uran und anderen Mineralreichtümern. Aber das chakassische Volk lebte unter dem Zarismus in Elend, Unwissenheit und hatte keine eigene Schrift. Das chakassische Volk, das unter dem Joch der einheimischen Fürsten, Schamanen und der russischen Kapitalisten und Beamten stöhnte, war im rapiden Aussterben begriffen. Das nomadisierende chakassische Volk wurde unter der Sowjetmacht zu einem ansässigen Kulturvolk. Tausende Hektar dürren Bodens werden heute durch Kanäle bewässert. Die Kollektivwirtschaften vereinigen 98 Prozent der Bauernwirtschaften. Raupenschlepper, Mähdrescher und andere Maschinen bearbeiten die Felder Chakassiens und bringen die Ernte ein. Die Viehzucht ist stark entwickelt. In Chakassien ist eine große Industrie entstanden für die Förderung von Kohle, Gold und Erzen, für die Holzbearbeitung und Verarbeitung von landwirtschaftlichen Produkten. In den letzten zehn Jahren ist die Industrieproduktion Chakassiens auf das 17-fache gestiegen. Das chakassische Volk kann jetzt fast durchweg lesen und schreiben (nur 1½ Prozent der Bevölkerung sind Analphabeten). Das chakassische Volk besitzt Tausende eigener Fachleute, hat eine eigene Literatur und ein eigenes nationales Theater. In Chakassien gibt es 340 Schulen, ein Lehrerseminar und drei Techniken.

Wir sehen, dass alle Sowjetvölker, große und kleine, das durch die Verfassung garantierte Recht und die volle faktische Möglichkeit besitzen, ihren nationalen Staat frei aufzubauen, sich wirtschaftlich und kulturell zu entwickeln entsprechend ihren nationalen Besonderheiten. In der Sowjetunion leben Dutzende verschiedener Nationen und Völkerschaften, und sie alle haben von diesem Recht Gebrauch gemacht.

Die freien Sowjetvölker haben den faschistischen Unsinn von den »höheren« und »niederen« Rassen, von dem »Herrenvolk« und den »Sklavenvölkern« durch die Tat widerlegt. Sie haben durch Tatsachen bewiesen, dass jedes Volk—wie rückständig es auch durch die Schuld bestimmter, historischer Bedingungen sein mag—sein fortschrittliches Staatswesen, seine fortschrittliche Kultur auf gleichem Fuß mit den fortgeschritteneren Völkern schaffen kann. Diese Möglichkeit wurde in der UdSSR zur Wirklichkeit, da alle Völker des Sowjetlandes von der nationalen Unterdrückung befreit und in Verhältnisse gestellt worden sind, die ihnen eine freie Entwicklung gewährleisten. Darin besteht das Wesen und die Kraft der großen, viele Nationalitäten umfassenden Sowjetdemokratie.

II. Kapitel: WIE DIE ORGANE DER STAATSGEWALT IN DER SOWJETUNION GEBILDET WERDEN

Die Frage, nach welchen Methoden die Organe der Staatsgewalt gebildet werden, ist von sehr großer Bedeutung und steht in unmittelbarem Zusammenhang mit dem Gesellschaftsaufbau des gegebenen Landes.

Im alten Russland wurde die Staatsgewalt im Laufe der Jahrhunderte von einem Zaren auf den anderen vererbt. Im Ergebnis des vieljährigen hartnäckigen Kampfes der Werktätigen, der zur ersten russischen Revolution im Jahre 1905 führte, schuf die zaristische Regierung in Form eines Zugeständnisses an das Volk die sogenannte Staatsduma[2]— einen kläglichen Abklatsch eines Parlaments. Die Wahlen zu dieser Duma waren so organisiert, dass die Gutsbesitzer und die städtische Bourgeoise drei Viertel, die Bauern 22 Prozent, die Arbeiter jedoch nur 2,3 Prozent der Wahlmänner wählten. Dann wählten die Wahlmänner in einer gemeinsamen Sitzung aus ihrer Mitte die Deputierten für die Duma. Den Völkern nichtrussischer Nationalität, die in Mittelasien und in Sibirien lebten, war das Wahlrecht überhaupt entzogen, die diesbezüglichen Rechte der kaukasischen Völker waren sehr beschnitten. Die Frauen besaßen überhaupt kein Wahlrecht.

Es ist verständlich, dass bei einer solchen Sachlage nur sehr wenige wirkliche Vertreter des Volkes in die zaristische Staatsduma Eingang finden konnten.

Die Sowjetdemokratie kennt keine Einschränkungen in den Wahlrechten der Bürger. Die Sowjetverfassung führte die demokratischste Ordnung für die Bildung der Organe der Staatsgewalt ein.

1. Das allgemeine Wahlrecht

Nach der Stalinschen Verfassung werden die Wahlen für alle Sowjets—vom Dorfsowjet bis zum Obersten Sowjet der UdSSR—vorgenommen auf der Grundlage des allgemeinen, gleichen, direkten Wahlrechts in geheimer Abstimmung.

Alle Bürger der Sowjetunion, die *das Alter von 18 Jahren* erreicht haben, Männer wie Frauen, besitzen das Wahlrecht—sowohl das Recht zu wählen als auch das Recht gewählt zu werden.

Die Sowjetdemokratie kennt keine Teilung der Bürger in solche mit »aktivem« und solche mit »passivem« Wahlrecht,[2] wie das in vielen anderen Staaten eingeführt ist.

Der Sowjetdemokratie erscheint es unzulässig und barbarisch, die Bürger einzuteilen in solche, die das Wahlrecht besitzen, und solche, denen dieses Recht auf Grund ihres Geschlechts, ihrer Nationalität, Rasse, ihres Glaubensbekenntnisses, ihrer Vermögenslage usw. entzogen ist.

Im Lande der Sowjets genießen die Frauen dasselbe Wahlrecht wie die Männer.

Der Sowjetbürger kann jeder beliebigen Nation oder Rasse angehören—er besitzt gleichermaßen das Wahlrecht.

---

2 **Die Red.:** In der Bundesrepublik Deutschland können in das Amt des Bundespräsidenten nur *Deutsche* gewählt werden, die am Tag der Wahl das vierzigste Lebensjahr vollendet haben.

Die Bürger können Hochschul-, Mittelschul- oder Volksschulbildung oder überhaupt keine Bildung besitzen, sie alle genießen das Wahlrecht.

Der Bürger kann sich zu jeder beliebigen Religion bekennen oder gar keinem Religionsbekenntnis angehören—er besitzt unabhängig davon das Wahlrecht.

Der Bürger kann der Arbeiterschaft, der Bauernschaft, der Intelligenz oder auch den früheren Ausbeuterklassen entstammen—ganz gleich, welches seine soziale Herkunft ist und womit er sich in der Vergangenheit beschäftigt haben mag—, er besitzt das Wahlrecht.

Die Bürger jeder beliebigen Vermögenslage, jedes Berufs, jeder Beschäftigung—darunter auch die Diener der religiösen Kulte—genießen das Wahlrecht.

Der Bürger kann ständig an einem Ort wohnen oder von Ort zu Ort ziehen—er hat trotzdem das Recht zur Teilnahme an den Wahlen, und zwar an dem Ort, wo er sich am Wahltag befindet.

Der Bürger kann sich in den Reihen der Roten Armee, bei der Kriegsmarine und der Luftwaffe befinden oder auf irgendeiner Schule lernen—er hat trotzdem das Recht, an den Wahlen teilzunehmen, an dem Ort, wo sich sein Truppenteil, sein Schiff oder seine Lehranstalt befindet.

Auf diese Weise genießt in der Sowjetunion die ganze erwachsene Bevölkerung das Wahlrecht ohne irgendeine Einschränkung oder Ausnahme.

Die einzige völlig verständliche Ausnahme bilden Geisteskranke und Personen, die vom Gericht unter Aberkennung des Wahlrechts für die Dauer der im Urteil festgesetzten Zeitspanne verurteilt worden sind.

2. Gleiches Wahlrecht

Die Verfassung der UdSSR hat für alle Bürger das gleiche Wahlrecht festgesetzt.

Das bedeutet, dass alle Bürger der Sowjetunion an den Wahlen auf gleicher Grundlage teilnehmen. Jeder Bürger hat *eine* Stimme. Kein Bürger besitzt bei den Wahlen für die Sowjets irgendwelche besonderen Rechte oder Vorteile. Die Arbeiter besitzen dasselbe Wahlrecht wie die Bauern. Die Frauen besitzen dasselbe Wahlrecht wie die Männer. Angehörige der Wehrmacht und Studenten wählen mit den gleichen Rechten wie die übrigen Bürger.

Welche Stellung im Staat der Bürger auch einnimmt, sein Wahlrecht bleibt das gleiche wie das aller übrigen Bürger. So hat z.B. ein einfacher Rotarmist dasselbe Wahlrecht wie ein Marschall der Sowjetunion. Ein beliebiger Mitarbeiter des Volkskommissariats hat dasselbe Wahlrecht wie der Volkskommissar. Ein Bürger, der nicht lesen und schreiben kann, genießt dasselbe Wahlrecht wie ein Professor.

Die Gleichheit des Wahlrechts der Sowjetbürger aller Gesellschaftsschichten trägt bei zur Festigung der Einheit der Sowjetgesellschaft und damit auch zur Stärke des Sowjetstaates.

3. Das direkte Wahlrecht

Nach der Verfassung der UdSSR sind die Wahlen für alle Sowjets direkte Wahlen. Das bedeutet, dass die Deputierten für die Sowjets von den Wählern unmittelbar an Ort und Stelle gewählt werden. Auf dem Wege direkter Wahlen werden nicht nur die Dorf- und Stadtsowjets, sondern auch die Rayon-, Bezirks-, Gebiets- und Regionalsowjets gewählt. Auf dem Wege direkter Wahl werden die Deputierten auch in die Obersten Sowjets der Republiken und in den Obersten Sowjet der UdSSR gewählt.

Die direkten Wahlen stellen die unmittelbare Verbindung aller Organe der Staatsgewalt mit den Volksmassen her. Sie tragen dazu bei, dass in die Staatsorgane die besten Volksvertreter, die besten Leiter des Staates, des wirtschaftlichen und kulturellen Aufbaus, die treuen Verteidiger des Sowjetvaterlandes gewählt werden.

Bei direkten Wahlen haben die Bürger die Möglichkeit, ihre Erwählten nicht nur für die Rayon-, Bezirks-, Gebiets- und Regionalsowjets, sondern auch für die höchsten Organe der Sowjetrepubliken und der gesamten Sowjetunion besser kennenzulernen. Die direkten Wahlen erhöhen die Autorität und verbessern die Arbeit der leitenden Organe der Staatsgewalt. Die direkten Wahlen verstärken die Verbindungen der Deputierten mit den Wählern und erhöhen ihre Verantwortung vor den Wählern.

4. Geheime Abstimmung

Nach der Verfassung der UdSSR wird die Wahl zu allen Sowjets in *geheimer* Abstimmung vorgenommen.

Das bedeutet, dass niemand das Recht hat zu wissen, wem der Wähler seine Stimme gibt. Der Wähler begibt sich in einen abgesonderten Raum, wo sich außer ihm niemand befinden darf, und füllt den Stimmzettel aus.

Jeder Wähler entscheidet selbst völlig frei, ob dieser oder jener Kandidat sein Vertrauen verdient, ob der betreffen de Kandidat fähig ist, die Interessen des Volkes, die Interessen des Sowjetvaterlandes zu verteidigen; ob er fähig ist, aktiv zu kämpfen für die Befriedigung der großen und stets wachsenden Bedürfnisse der Werktätigen in Stadt und Land, z.B. für die Verbesserung der Wohnverhältnisse, für die Verbesserung der Versorgung der Bevölkerung mit Waren, für die Hebung der Produktivität der Arbeit in den Betrieben und Kollektivwirtschaften, und die Volksaufklärung, die Gesundheitspflege und die kulturelle Entwicklung der Werktätigen zu leiten. Der Wähler hat das Recht, Leute, die nach seiner Meinung untauglich sind, von der Liste der Kandidaten zu streichen und dafür andere einzutragen.

Die geheime Abstimmung zeugt davon, dass die Sowjetmacht die Arbeit aller ihrer Organe unter die wirkliche Kontrolle der Wähler stellt. Schlechte Arbeiter können nicht darauf rechnen, zu Sowjetdeputierten gewählt zu werden, und sollte sich ein solcher auch unter den Gewählten befinden, so kann *er* sich in den Sowjets nicht lange halten.

Aus der von unten her ausgeübten Massenkontrolle der Arbeit des gesamten Staatsapparates schöpft die Sowjetmacht die Kräfte für ihre weitere Festigung.

5. Das Recht, den Deputierten abzuberufen

Die Verfassung der UdSSR sieht eine ständige enge Verbindung vor zwischen dem Deputierten und seinen Wählern. Sie gibt den Wählern das Recht, von ihrem Deputierten Rechenschaft zu fordern darüber, wie er ihrem Willen nachkommt und wie überhaupt der Sowjet arbeitet, in den der Deputierte gewählt wurde.

Darüber hinaus hat die Sowjetverfassung den Wählern das *Recht* zuerkannt, *ihren Deputierten* vor Ablauf der Frist, für die er gewählt worden ist, *abzuberufen.* Artikel 142 der Verfassung sagt darüber folgendes.

> »Jeder Deputierte ist verpflichtet, von den Wählern über seine Arbeit und über die Arbeit der Sowjets

> der Deputierten der Werktätigen Rechenschaft abzulegen, und kann jederzeit durch Mehrheitsbeschluss der Wähler in der durch das Gesetz festgesetzten Weise abberufen werden«.[3]

Nur die Sowjetverfassung enthält einen Artikel über das Recht, den Deputierten abzuberufen. In anderen Ländern fühlt sich der Deputierte, kaum, dass die Wahlen stattgefunden haben und der Kandidat Deputierter geworden ist, vollkommen unabhängig von seinen Wählern, vom Volke.

In der Sowjetunion ist die Lage des Deputierten eine vollkommen andere.

> »Der Deputierte des Sowjets«, sagt J.W. Stalin, »ist ein *Diener des Volkes,*[4] und er ist verpflichtet, den Auftrag seiner Wähler durchzuführen«[5] (Stalin, 1937/1979, S. 165).

Die Sowjetwähler beschränken sich nicht darauf, dass sie in soundso viel Jahren einmal einen Deputierten in den Sowjet wählen und dann ruhig zu ihrer täglichen Beschäftigung zurückkehren, bis wieder neue Wahlen angesetzt werden.

Die Sowjetwähler interessieren sich für die prakti-

---

3 **Die Red.:** Vergleiche dazu Artikel 38 des Grundgesetzes der Bundesrepublik Deutschland, Absatz 1: »Die Abgeordneten des Deutschen Bundestages…sind…an Aufträge und Weisungen nicht gebunden und nur ihrem Gewissen unterworfen«. Vergleiche dazu ebenso das *imperative Mandat* gegen das *freie Mandat.*

4 **Die Red.:** Die am 31. März 2018 gegründete Partei von Wolodymyr Selenskyj heißt ebenfalls »Sluha narodu [Diener des Volkes]«.

5 **Die Red.:** Hervorhebung von W.A. Karpinski.

sche Tätigkeit ihrer Deputierten, kontrollieren ihre Arbeit, und sollte es irgendeinem Deputierten einfallen, vom richtigen Wege abzuweichen—so haben die Wähler das Recht, den Deputierten vorfristig abzuberufen.

6. Die Sowjetwahlgesetze

Für die Durchführung der Wahlen zu den Sowjets wurden auf Grund[lage] der Stalinschen Verfassung besondere Wahlgesetze erlassen—Bestimmungen über die Wahlen—, und zwar gesondert für die Wahlen zu dem Obersten Sowjet der UdSSR, zu den Obersten Sowjets der Unionsrepubliken, der autonomen Republiken und den örtlichen Sowjets.

Die Sowjetwahlgesetze geben allen in der gesetzlich festgelegten Weise registrierten gesellschaftlichen Organisationen und Vereinigungen das Recht, Kandidaten für die Sowjets aufzustellen. Außerdem besitzen das Recht, Kandidaten aufzustellen, die allgemeinen Betriebsversammlungen der Arbeiter und Angestellten, die allgemeinen Versammlungen der Bauern in den Kollektivwirtschaften, der Arbeiter und Angestellten der Sowjetwirtschaften sowie der Rotarmisten in den Truppenteilen. Es ist selbstverständlich, dass jeder Teilnehmer an einer solchen Versammlung das Recht hat, der Versammlung seinen Deputiertenkandidaten zur Diskussion vorzuschlagen.

Allen Organisationen, die Kandidaten aufgestellt haben, sichern die Wahlgesetze die volle Freiheit zu, für ihre Kandidaten auf Versammlungen, in der Presse und mit anderen Mitteln zu agitieren.

Die Wahlbezirke werden so eingerichtet, dass irgendeine Ungleichheit zwischen ihnen bei den Wahlen zum Obersten Sowjet der UdSSR vollkommen ausgeschaltet ist; jeder Wahlbezirk wird nach dem Prinzip gebildet: für

300.000 Einwohner ein Wahlbezirk. Jeder Wahlbezirk entsendet einen Deputierten.[6]

Nach den Wahlgesetzen werden alle diejenigen streng bestraft, die durch Betrug, Bestechung, Drohung oder Gewalt die Bürger der Sowjetunion an der Ausübung ihres Wahlrechts zu hindern suchen oder versuchen, die Wahldokumente zu fälschen oder die Stimmen falsch zu zählen.

Aus allen Artikeln der Sowjetwahlgesetze ist zu ersehen, wie die Sowjetmacht besondere Sorge dafür trägt, dass entschieden alle Bürger der Sowjetunion die volle, durch nichts beengte Möglichkeit besitzen, ihr Wahlrecht auszuüben, das ihnen die Verfassung bietet.

Sogar Kranken und altersschwachen Bürgern wird die volle Möglichkeit geboten, ihr Wahlrecht auszuüben.

Das Sowjetwahlsystem ist ein unwiderlegbares Zeugnis dafür, dass in der Sowjetunion die Herrschaft von unten bis oben wirklich vom ganzen Volk ausgeübt wird. Die Sowjetdemokratie ist eine wahrhafte Volksherrschaft im di-

---

6 **Die Red.:** In den USA werden Wahlkreise mit Hilfe von Computern und Data-Mining systematisch so zugeschnitten, dass die von der herrschenden Elite gewünschten Wahlergebnisse auch auf regionaler und lokaler Ebene erzielt werden. Diese zutiefst bürgerliche Wahlpraxis, die bestimmte Bevölkerungsgruppen (insbesondere Afroamerikaner und progressive Arbeiter) von der politischen Repräsentation ausschließt, wird als »Gerrymandering« bezeichnet. Hinzu kommt das »Electoral College«, das Gremium, das alle vier Jahre den Präsidenten und Vizepräsidenten durch Wahlmänner wählt. Während Wyoming 586.107 Einwohner und drei Stimmen hat, hat der US-Bundesstaat Kalifornien 39.144.818 Einwohner und 55 Stimmen bei der Präsidentschaftswahl, was bedeutet, dass die Stimme eines Wählers in Wyoming 3,6-mal mehr Einfluss auf die Wahl des US-Präsidenten hat als die Stimme eines Wählers in Kalifornien.

rekten Sinne dieses Wortes.

7. Die ersten Wahlen auf Grund[lage] der Stalinschen Verfassung

Die ersten Wahlen zum Obersten Sowjet der UdSSR auf Grund[lage] der Stalinschen Verfassung fanden am 12. Dezember 1937 statt.

Diesen Wahlen ging eine zwei Monate lange Wahlkampagne voraus, die die ganze Sowjetunion von der Hauptstadt bis zu ihren entferntesten Winkeln in Bewegung brachte. In allen Städten und Dörfern fanden vielbesuchte Versammlungen der Wähler statt, die oft direkt auf den Plätzen und Straßen abgehalten wurden.

Die Wahlen waren ein großer Festtag für das ganze Sowjetvolk, das seinen Willen feierlich und frei zum Ausdruck brachte.

Das Wahlrecht besaßen 94 Millionen Bürger. Davon nahmen 91 Millionen Menschen, d.h. 96,8 Prozent der [Wahlberechtigten], an den Wahlen teil.

In den allgemeinen Versammlungen der Arbeiter, der Angestellten, der Intelligenz, der Bauern, der Truppenteile—überall wurden mit einer wunderbaren Einmütigkeit die Kandidaten für den Obersten Sowjet der UdSSR aufgestellt, vor allem die Führer der Sowjetregierung und der Kommunistischen Partei mit dem geliebten Führer der Sowjetvölker J.W. Stalin an der Spitze.

Gleichzeitig mit ihnen wurden überall die besten Leute der Sowjetrepubliken aufgestellt, die das Vertrauen des Volkes durch ihre hervorragende Arbeit in den Fabriken, Werken, auf den Feldern, in den Farmen, durch ihre Errungenschaften auf dem Gebiet der Wissenschaft, der Technik, der Kunst, der Volksbildung, des Gesundheitswesens, durch ihren aufopferungsvollen Kampf gegen die Feinde der Sowjetheimat erworben haben.

Bei den Wahlen zum Obersten Sowjet trat die Kommunistische Partei im Block, im Bündnis mit den parteilosen Massen auf. Die Kommunisten und Parteilosen haben überall gemeinsame Deputiertenkandidaten für den Obersten Sowjet aufgestellt.

Im Verlaufe von acht Jahren haben die Erwählten des Sowjetvolkes, die Deputierten des Obersten Sowjets, ihre Pflichten ehrenvoll erfüllt. Sie haben sich des Vertrauens des Volkes würdig gezeigt. Unter Leitung der Partei der Bolschewiki, geführt vom großen Stalin, hat die Sowjetregierung die unerhörten Schwierigkeiten des Krieges überwunden und ist als Sieger aus der Schlacht mit den deutsch-faschistischen Landräubern und den japanischen Imperialisten hervorgegangen.

In den Jahren des Krieges, während der erbitterten Kämpfe, konnte der Sowjetstaat keine Wahlen durchführen. Dies wurde erst nach der siegreichen Beendigung des Krieges möglich.

Das Präsidium des Obersten Sowjets der UdSSR hat in einer Verordnung die neuen Wahlen auf Sonntag, den 10. Februar 1946, festgelegt.

Für die Kandidaten, die von den Kommunisten im Verein mit den Parteilosen aufgestellt wurden, stimmten ungefähr 98 Prozent der Wähler.

Die Wahlen in den Obersten Sowjet der UdSSR zeigten die mächtige moralisch-politische Einheit aller Bürger, aller Völker der Sowjetunion—ihre Einmütigkeit, ihren festen Zusammenschluss um die Sowjetregierung und die Kommunistische Partei.

Die Wahlen in den Obersten Sowjet der Union waren eine grandiose Demonstration des unbeschränkten Vertrauens und der Liebe aller Völker der Sowjetunion zu ihrem

Führer J.W. Stalin.

Mit derselben Einmütigkeit und mit denselben Ergebnissen verliefen die Wahlen zu den Obersten Sowjets der Unions- und autonomen sozialistischen Sowjetrepubliken und zu allen örtlichen Sowjets der Deputierten der Werktätigen.

In den neuen Sowjetrepubliken und -gebieten, wo die Sowjet-macht erst unlängst errichtet worden war—in der früheren Westukraine und in Westbelarus, in Bessarabien, in der Nordbukowina, in den neuen Rayons der Karelo-Finnischen Republik, in Litauen, Lettland und Estland—, waren die Wahlen ebenso auf Grund[lage] des allgemeinen, gleichen, direkten Wahlrechts bei geheimer Stimmabgabe organisiert, und in allen Wahlbezirken wurden ohne Ausnahme nur die Kandidaten gewählt, die vom Block der Kommunisten und der Parteilosen aufgestellt worden waren. Für die Kandidaten des Blockes stimmten in den verschiedenen Wahlbezirken 99,1 bis 99,5 Prozent der Wahlteilnehmer. An den Wahlen nahmen 90,6 bis 99,6 Prozent der Wahlberechtigten teil.

III. Kapitel: DIE HÖCHSTEN ORGANE DER STAATSGEWALT UND DIE ORGANE DER STAATSVERWALTUNG IN DER SOWJETUNION

Wir wissen, wie in der Sowjetunion die Staatsgewalt gebildet wird. Betrachten wir, welche höchsten Staatsorgane in der Sowjetunion bestehen, wie sie aufgebaut sind, welche Rechte und Pflichten sie haben.

Das wesentlichste Organisationsprinzip im Aufbau des Sowjetstaatsapparates ist der *demokratische Zentralismus.*

Dieses Prinzip bedeutet eine zentralisierte Leitung und die Verbindlichkeit der Direktiven der höheren Organe für die unteren und gleichzeitig damit die Wählbarkeit aller Machtorgane von unten bis oben, die Verpflichtung für sie, ihren Wählern gegenüber Rechenschaft abzulegen. Dieses Prinzip setzt eine breite Selbsttätigkeit der Volksmassen voraus.

Der demokratische Zentralismus bedeutet die Konzentrierung der Staatsmacht und der Staatsverwaltung in einem gesamt-staatlichen Zentrum, soweit es sich um Fragen handelt, die für den ganzen Staat von großer Bedeutung sind, und gleichzeitig damit werden den Republiken, Gebieten, Rayons usw. weitreichende Befugnisse eingeräumt, soweit es sich um Fragen handelt, die Republik-, Gebiets-, Rayon- oder örtliche Bedeutung besitzen.

Das Prinzip des demokratischen Zentralismus ist folgerichtig im Aufbau des ganzen Staatsapparates durchgeführt.

1. Der Oberste Sowjet der UdSSR

Das höchste Organ der Staatsgewalt der Sowjetunion ist der Oberste Sowjet der UdSSR. (Artikel 30 der Verfassung.)

Der Oberste Sowjet der UdSSR wird unmittelbar von allen Bürgern der Sowjetunion, die das Alter von 18 Jahren erreicht haben, auf gleicher Grundlage in geheimer Abstimmung gewählt. Der Oberste Sowjet verkörpert den wirklichen Willen der Volksmassen der ganzen gewaltigen, von vielen Nationen bewohnten Sowjetunion.

Der Oberste Sowjet der UdSSR wird auf die Dauer von vier Jahren gewählt. Die Tagungen des Obersten Sowjets werden zweimal jährlich einberufen. Außerordentliche Tagungen können auf Beschluss des Präsidiums des Obersten Sowjets oder auf Verlangen einer der Unionsrepubliken einberufen werden.

Die laufende Staatsarbeit wird von den übrigen höchsten Unionsorganen ausgeführt: vom Präsidium des Obersten Sowjets, vom Rat der Volkskommissare, von den Volkskommissariaten.

Der Oberste Sowjet der UdSSR besitzt alle Rechte und Vollmachten, die ganze Fülle der Staatsgewalt der Sowjetunion. Im Lande der Sowjets gibt es kein anderes Organ, das über oder auf der gleichen Stufe mit dem Obersten Sowjet steht. Alle anderen Staatsorgane der Sowjetunion werden vom Obersten Sowjet eingesetzt und sind ihm für ihre gesamte Tätigkeit *rechenschaftspflichtig.*

Die Staatsgewalt der Sowjetunion ist *einheitlich,* sie zerfällt nicht in voneinander isolierte Teile. Es ist nur eine Abgrenzung der Funktionen in der Tätigkeit des Staates zwiochen seinen Organen durchgeführt. Die Sowjetverfassung bezeichnet genau den Fragenkreis, der zur Kompetenz dieses oder jenes Staatsorgans gehört.

Unter den Rechten, die ausschließlich der Oberste Sowjet der UdSSR besitzt, ist vor allem das *Recht* zu erwähnen, *Gesetze für die gesamte Union zu erlassen.* Kein anderes Staatsorgan der Sowjetunion, außer dem Obersten Sowjet, besitzt das Recht, Gesetze zu erlassen.

Darin besteht einer der wesentlichsten Unterschiede zwischen dem Sowjetstaatsaufbau und dem Aufbau der anderen demokratischen Staaten, wo die Gesetze nicht selten auch unter Umgehung der Vertretungskörperschaften erlassen werden.

In den Unionsgesetzen kommt der Wille aller Völker der Sowjetunion zum Ausdruck, die ihre bevollmächtigten Vertreter in den Obersten Sowjet der UdSSR entsenden. Die Unionsgesetze sind für das ganze Gebiet der UdSSR verbindlich. Auf ihrer Grundlage und in voller Übereinstimmung mit ihnen werden die Gesetze aller Sowjetrepubliken ausgearbeitet. Dadurch wird die Einheitlichkeit des Gesetzsystems in der Sowjetunion gesichert.

Der Oberste Sowjet der UdSSR hat das Recht, die Verfassung der Sowjetunion zu ändern, ihre Durchführung und die Übereinstimmung der Verfassung der Unionsrepubliken mit ihr zu überwachen.

Der Oberste Sowjet der UdSSR nimmt neue Republiken in den Bestand der Sowjetunion auf, bestätigt Änderungen der Grenzen der Unionsrepubliken mit deren Zustimmung und bestätigt die Bildung neuer autonomer Republiken, Gebiet und Regionen.

Der Oberste Sowjet der UdSSR erklärt den Kriegszustand, schließt Frieden, hat das Recht, Anleihen aufzunehmen und zu gewähren, bestätigt die Volkswirtschaftspläne und den einheitlichen Staatshaushalt der UdSSR sowie die in den Unionshaushalt, in die Republik- und in die örtlichen Haushalte eingehenden Steuern und Einkünfte.

Der Oberste Sowjet der UdSSR wählt das Präsidium des Obersten Sowjets, bildet den Rat der Volkskommissare, bestätigt die einzelnen Volkskommissare, die in der Periode zwischen den Tagungen vom Präsidium des Obersten Sowjets ernannt worden sind; er wählt das Oberste Gericht und die Sondergerichte der UdSSR auf eine Frist von fünf Jahren und ernennt den Staatsanwalt der UdSSR auf eine Frist von sieben Jahren.

Der Oberste Sowjet der UdSSR besitzt das Recht, Untersuchungs- und Revisionskommissionen für jede beliebige Frage einzusetzen, wobei alle Institutionen und Amtspersonen verpflichtet sind, den Forderungen dieser Kommissionen nachzukommen.

2. Die beiden Kammern des Obersten Sowjets der UdSSR

Der Oberste Sowjet besteht aus zwei Kammern. Die eine von ihnen heißt *Sowjet der Union,* die andere—*Sowjet der Nationalitäten.*

Beide Kammern werden von den Bürgern der Sowjetunion auf Grundlage des allgemeinen, gleichen und direkten Wahlrechts in geheimer Abstimmung gewählt.

Der Sowjet der Union wird nach Wahlbezirken gewählt, und zwar nach der Norm: ein Deputierter auf 300.000 Einwohner.

Der Sowjet der Nationalitäten wird von den Bürgern der UdSSR nach Unions- und autonomen Republiken, autonomen Gebieten und nationalen Bezirken gewählt, und zwar unabhängig von ihrer Bevölkerungszahl nach der Norm: je 25 Deputierte von jeder Unionsrepublik, je 11 Deputierte von jeder autonomen Republik, je 5 Deputierte von jedem autonomen Gebiet und je 1 Deputierter von jedem nationalen Bezirk. So gewaltige Sowjetstaaten wie z.B. die Russische Sozialistische Föderative Sowjetrepublik (mit 108,8 Millionen Einwohnern) oder die Ukrainische Sozialistische Sowjetrepublik (mit einer Bevölkerungszahl von 39 Millionen) besitzen eine ebenso große Vertretung in dieser Kammer wie die kleinen Sowjetstaaten, z.B. wie die Tadschikische Sozialistische Sowjetrepublik (mit einer Bevölkerungszahl von 1,5 Millionen).

Die Kammern des Obersten Sowjets der UdSSR sind *gleichberechtigt.*

Beiden Kammern steht die *Gesetzesinitiative* in gleichem Maße zu, d.h. sie haben das Recht, den Erlass neuer Gesetze anzuregen und Gesetzesvorschläge zu jeder beliebigen Frage auszuarbeiten und dem Obersten Sowjet zu unterbreiten.

Ein Gesetz gilt als beschlossen, wenn es von jeder der beiden Kammern des Obersten Sowjets der UdSSR mit einfacher Stimmenmehrheit angenommen ist. Nur für eine Änderung der Verfassung ist eine Mehrheit von zwei Dritteln Stimmen in jeder Kammer erforderlich. Die Gesetze werden mit der Unterschrift des Vorsitzenden und des Sekretärs des Präsidiums des Obersten Sowjets der UdSSR in den Sprachen aller Unionsrepubliken publiziert.

Die Zahl der Deputierten in jeder Kammer ist die gleiche. Die Dauer der Vollmachten beider Kammern ist die gleiche: sie sind auf vier Jahre gewählt. Beide Kammern werden zur selben Zeit einberufen und arbeiten gleichzeitig.

Jede Kammer wählt ihren *Vorsitzenden* und je zwei Stellvertreter des Vorsitzenden, die die Sitzungen der betreffenden Kammern leiten und ihre Geschäftsordnung handhaben.

Beide Kammern bilden *ständige Kommissionen* zur

allseitigen Bearbeitung und Vorbereitung der wichtigsten staatlichen Fragen, die der Prüfung des Obersten Sowjets unterliegen. In jeder Kammer werden drei ständige Kommissionen gewählt: die Kommission für Gesetzesvorschläge, die Kommission für auswärtige Angelegenheiten und die Kommission für den Staatshaushalt.

Es entsteht die Frage: wenn beide Kammern ein und dieselbe Staatstätigkeit ausüben und sie beide völlig gleichberechtigt sind, warum beschränkt man sich da nicht auf eine Kammer?

Die beiden Kammern sind deshalb notwendig, weil die UdSSR ein *Nationalitätenstaat* ist.

In der Sowjetunion leben mehr als 60 verschiedene Nationen und Völkerschaften. Die Grundinteressen aller Werktätigen der UdSSR, welcher Nation oder Rasse sie auch angehören mögen, sind die *gleichen,* sind *gemeinsame* Interessen. Alle Werktätigen sind daran interessiert, dass sich der Wohlstand der Volksmassen hebt, dass die wirtschaftliche Macht der Sowjetunion verstärkt und ihre Wehrfähigkeit gefestigt wird.

In der Sowjetunion gibt es solch ein Oberstes Organ, das diese gemeinsamen Interessen aller Werktätigen, unabhängig von ihrer Nationalität, vertritt. Das ist der *Sowjet der Union.*

Doch haben die Werktätigen der verschiedenen Nationen, die die Sowjetunion bewohnen, noch ihre *besonderen Interessen,* die sich aus ihren nationalen Besonderheiten ergeben. Der *Sowjet der Nationalitäten* ist ein solches Oberstes Organ, das gerade diese besonderen Interessen der Nationen der Sowjetunion vertritt.

J. Stalin lehrt, dass es ohne ein solches Organ unmöglich wäre, einen solchen Nationalitätenstaat, wie die Sowjetunion, zu verwalten.

Aus diesem Grunde gibt es in der Sowjetunion nicht

eine, sondern zwei Kammern, die zusammen das *einheitliche Oberste Organ* der Staatsgewalt des aus vielen Nationen zusammengesetzten Bundesstaates bilden—den Obersten Sowjet der UdSSR.

In dem Sowjet-Zweikammersystem ist mit besonderer Klarheit der entfaltete, bis zu Ende folgerichtige Demokratismus des Sowjetstaatsaufbaus ausgeprägt.

Zwei Kammern gibt es in vielen Staaten. Sie werden das »Oberhaus« und »Unterhaus«, Parlament und Senat usw. genannt.

Sowohl ihrer Herkunft wie ihrer Bestimmung nach unterscheiden sich diese Zweikammersysteme ganz gewaltig vom Sowjet-Zweikammersystem.

Wir sprachen schon davon, wie die Staatsduma (das »Unterhaus«) in Russland gewählt wurde. Der Staatsrat (»Oberhaus«) wurde zur Hälfte vom Zaren aus den höchsten Schichten der Gesellschaft ernannt, zur anderen Hälfte wurde er von den Adelsgesellschaften, den Grundbesitzern, Industriellen und der rechtgläubigen Geistlichkeit gewählt.

In ähnlicher Weise wird in vielen anderen Staaten das Oberhaus zusammengesetzt. Es genießt besondere Rechte und Vorteile. Das Oberhaus ist ein Überrest früherer Standesprivilegien.

In der Sowjetunion gibt es kein Ober- und Unterhaus mit verschiedenen Rechten, sondern es gibt nur zwei gleichberechtigte Kammern, die zusammen das einheitliche höchste Organ der UdSSR bilden.

3. Die Zusammensetzung des Obersten Sowjets der UdSSR

In den Obersten Sowjet der Union wurden am 12. Dezember 1937 1.143 Deputierte gewählt: 569 Deputierte in den

Sowjet der Union und 574 Deputierte in den Sowjet der Nationalitäten.

Von den neuen Sowjetrepubliken und Gebieten, die nach der Annahme der Verfassung freiwillig in den Bestand der UdSSR eintraten, wurden noch 78 Deputierte in den Sowjet der Union und 139 Deputierte in den Sowjet der Nationalitäten gewählt.

Wer sind nun diese Gewählten der Völker der Sowjetunion?

Ihrer sozialen Herkunft nach verteilen sich die im Jahre 1937 gewählten Deputierten des Obersten Sowjets auf folgende Weise: im Sowjet der Union gibt es 257 Arbeiter, 134 Bauern und 178 Intellektuelle; im Sowjet der Nationalitäten gibt es 223 Arbeiter, 203 Bauern und 148 Intellektuelle.

In beiden Kammern zusammen bilden die Arbeiter mehr als 40 Prozent, die Bauern ungefähr 30 Prozent und die Intellektuellen ungefähr 30 Prozent der Gesamtzahl der Deputierten.

Wie in einem Spiegel widerspiegelt sich in diesen Zahlen die Zusammensetzung der Sowjetgesellschaft.

Von den Deputierten des Obersten Sowjets der UdSSR sind 870 Kommunisten und 273 Parteilose.

Das zeugt vom führenden Einfluss, von jener Autorität, die die Kommunistische Partei unter der Bevölkerung der Sowjetunion hat.

Die Deputierten des Obersten Sowjets der UdSSR, die ihrer Herkunft nach Arbeiter und Bauern sind, besitzen zum größten Teil eine beträchtliche Erfahrung in der staatlichen und gesellschaftlichen Arbeit.

Unter den Deputierten des Sowjets der Union gibt es 77 Frauen. Im Sowjet der Nationalitäten gibt es 112 Frauen.

Alle diese Ziffern besagen, dass das Oberste Organ des Sowjetstaates unmittelbar mit der ganzen Masse der Arbeiter, Bauern und der Intelligenz aufs engste verbunden ist.

Zwischen den Deputierten des Obersten Sowjets der UdSSR gibt es eine große Zahl Arbeiter und Kollektivbauern, die direkt in der Produktion tätig sind. Über zwei Fünftel der Deputierten des Sowjets der Union sind mit Orden ausgezeichnet, und 18 Deputierte sind Helden der Sowjetunion.

Einen bestimmten Teil der Deputierten des Obersten Sowjets bilden Wehrmachtsangehörige—vom einfachsten Rotarmisten bis zum Marschall der Sowjetunion.

In den Kammern des Obersten Sowjets der UdSSR tagen die besten Menschen des Volkes, die Blüte der Arbeiterklasse, der Kollektivbauernschaft und der Sowjetintelligenz.

Und was sahen wir in den »Kammern« des alten Russlands?

In der zaristischen Staatsduma waren von 437 Deputierten nur 65 »Landleute« (vorwiegend Großbauern), 11 Arbeiter und Handwerker. Alle übrigen Deputierten gehörten zu den besitzenden Klassen, zu den Beamten, der Geistlichkeit usw. Der zaristische Staatsrat bestand fast ausschließlich aus der obersten Beamtenschaft und aus Gutsbesitzern.

Nur in der Sowjetdemokratie ist eine wirkliche, echte Vertretung des Volkes möglich, die vom ganzen Volke gewählt wird. Eine solche Volksvertretung ist denn auch der Oberste Sowjet der UdSSR.

4. Das Präsidium des Obersten Sowjets der UdSSR

Der Oberste Sowjet der UdSSR wählt in gemeinsamer Sitzung der beiden Kammern aus der Zahl seiner Mitglieder das *Präsidium des Obersten Sowjets* der UdSSR.

Die Abstimmung über jeden Kandidaten wird gesondert durchgeführt. Zum Präsidium gehören: der Vorsitzende des Präsidiums, *16* Stellvertreter des Vorsitzenden, 1 Sekretär und 24 Mitglieder.

Die Zahl der Stellvertreter des Vorsitzenden des Präsidiums entspricht der Zahl der Unionsrepubliken. Damit wird ein übriges Mal die Gleichheit der Republiken unterstrichen.

Das Präsidium ist eine ständig funktionierende Körperschaft des Obersten Sowjets der UdSSR, die diesem für seine ganze Tätigkeit rechenschaftspflichtig ist.

Zum Vorsitzenden des Präsidiums des Obersten Sowjets der UdSSR wurde auf der ersten Tagung der Kampfgefährte Lenins und Stalins, der Deputierte M.I. Kalinin, gewählt—ein früherer Arbeiter, der aus der Bauernschaft stammt.

Der Fragenkreis, der der Zuständigkeit des Präsidiums des Obersten Sowjets der UdSSR untersteht, ist in der Verfassung genau festgelegt (Artikel 49, 52, 53).

Das Präsidium beruft die Tagungen des Obersten Sowjets ein, schreibt nach Ablauf der Vollmachten oder im Falle vorfristiger Auflösung des Obersten Sowjets die Neuwahlen aus, die nicht später als zwei Monate nach Ablauf der Vollmachten oder nach Auflösung des Obersten Sowjets stattfinden müssen.

Das Präsidium beruft die erste Tagung des neugewählten Obersten Sowjets nicht später als einen Monat nach den Wahlen ein. Das Präsidium behält in seiner früheren Zusammensetzung seine Vollmachten bis zur Bildung eines neuen Präsidiums.

Das Präsidium des Obersten Sowjets ist nicht berechtigt, den Obersten Sowjet nach eigenem Gutdünken aufzulösen. In Artikel 47 der Verfassung ist jener einzige Fall genau fixiert, wo das Präsidium verpflichtet ist, den Obersten Sowjet aufzulösen und Neuwahlen auszuschreiben.

Artikel 47 lautet:

»Im Falle einer Meinungsverschiedenheit zwischen dem Sowjet der Union und dem Sowjet der Nationalitäten wird die Frage einer paritätisch gebildeten Schlichtungskommission zur Entscheidung überwiesen. Wenn die Schlichtungskommission zu keiner Einigung gelangt oder wenn ihr Entscheid eine der Kammern nicht befriedigt, so wird die Frage zum zweiten Mal in den Kammern behandelt. Kommt kein übereinstimmender Beschluss der beiden Kammern zustande, so löst das Präsidium des Obersten Sowjets der UdSSR den Obersten Sowjet der UdSSR auf und schreibt Neuwahlen aus«.

Auf diese Weise besitzt keine der Kammern irgendwelche Sonderrechte vor der anderen bei der Lösung von Streitfragen, was den zutiefst demokratischen Charakter der höchsten Organe der Staatsgewalt der UdSSR ein übriges Mal unterstreicht.

Seine Beschlüsse fasst das Präsidium des Obersten Sowjets der UdSSR auf Grund[lage] und im Rahmen der bestehenden Unionsgesetze und veröffentlicht sie in den Sprachen aller Unionsrepubliken in Form von Erlassen mit den Unterschriften des Vorsitzenden und des Sekretärs des Präsidiums. Diese Erlasse besitzen Allgemeingültigkeit auf dem ganzen Gebiet der Sowjetunion.

Das Präsidium gibt die *Auslegung* der geltenden Gesetze der UdSSR, erläutert ihre Ziele, die durch sie auferlegten Verpflichtungen und die Art ihrer richtigen Durchführung.

Das Präsidium hat das *Recht der Kontrolle* über die Verordnungen und Verfügungen des Rates der Volkskommissare der UdSSR und des Rates der Volkskommissare der Unionsrepubliken: das Präsidium hebt diese Verordnungen und Verfügungen auf, falls diese dem Gesetz nicht entsprechen.

In besonders wichtigen Fällen hat das Präsidium das Recht, ein Referendum durchzuführen, d.h. eine allgemeine Volksbefragung über diesen oder jenen Gesetzentwurf vorzunehmen.

Ein Referendum über einen Gesetzentwurf wird entweder auf Beschluss des Präsidiums des Obersten Sowjets der Union oder auf Verlangen einer der Unionsrepubliken vorgenommen.

Das Präsidium des Obersten Sowjets ernennt und entlässt das Oberkommando der Streitkräfte der Union, erklärt die allgemeine und die teilweise Mobilmachung.

Das Präsidium erklärt für einzelne Gegenden oder für das ganze Land den Kriegszustand, wenn das die Interessen der öffentlichen Ordnung und der staatlichen Sicherheit erfordern.

Das Präsidium vertritt die Sowjetunion in ihren Beziehungen zu auswärtigen Staaten. Das Präsidium ratifiziert internationale Verträge, ernennt die bevollmächtigten Vertreter der UdSSR in auswärtigen Staaten und beruft sie ab, nimmt die Beglaubigungs- und Abberufungsschreiben der bei ihm akkreditierten diplomatischen Vertreter auswärtiger Staaten entgegen.

Das Präsidium verleiht Orden und Ehrentitel der Sowjetunion. Es übt das Begnadigungsrecht einzelnen Bürgern gegenüber aus, die von den Gerichtsorganen der UdSSR verurteilt worden sind.

In der Zeit zwischen den Tagungen des Obersten Sowjets nimmt das Präsidium in besonderen, von der Verfassung vorgesehenen Fällen gewisse, dem Obersten Sowjet zustehende Rechte wahr durch Herausgabe von Erlassen, die der nächsten Tagung des Obersten Sowjets zur Bestätigung vorgelegt werden müssen.

Im Falle eines militärischen Überfalls imperialistischer Mächte auf die Sowjetunion erklärt das Präsidium den

Kriegszustand. Dasselbe Recht besitzt das Präsidium auch in dem Fall, dass ein anderer Staat überfallen wird, mit dem die Sowjetunion einen Vertrag zu gegenseitiger Verteidigung gegen Aggression geschlossen hat. (Artikel 49, Punkt »j« der Verfassung.)

Das Präsidium nimmt auf Vorschlag des Vorsitzenden des Rates der Volkskommissare Amtsenthebungen und Ernennungen einzelner Volkskommissare vor, jedoch müssen diese Enthebungen und Ernennungen nachträglich durch die Tagung des Obersten Sowjets bestätigt werden.

Ohne Zustimmung des Präsidiums kann kein Deputierter des Obersten Sowjets gerichtlich zur Verantwortung gezogen oder verhaftet werden.

Diese Rechte werden vom Präsidium an Stelle des Obersten Sowjets selbst ausgeübt wegen der Dringlichkeit der zu lösenden Fragen.

Das Präsidium des Obersten Sowjets, der UdSSR steht an der Spitze des Sowjetstaates. Dieses Kollegium ist, nach einem Ausspruch J.W. Stalins, der Präsident der Sowjetunion.

In der UdSSR gibt es keinen Präsidenten mit einer individuellen Macht, der über dem gewählten höchsten Organ steht.

Das Präsidium des Obersten Sowjets der UdSSR führt den Willen des Obersten Sowjets durch. Das Präsidium ist für seine gesamte Arbeit dem vom ganzen Volke gewählten Obersten Sowjet verantwortlich.

Die Artikel der Verfassung über das Präsidium des Obersten Sowjets der Union widerspiegeln anschaulich die wirkliche Demokratie des Sowjetstaatsaufbaus.

5. Der Rat der Volkskommissare der UdSSR

Die Arbeit zur Leitung des Staates und der Volkswirtschaft des Landes obliegt der Sowjetregierung und ihren Organen. Ihre offizielle Bezeichnung lautet: *Der Rat der Volkskommissare der Union der Sozialistischen Sowjetrepubliken.*

In der Verfassung heißt es, dass der Rat der Volkskommissare der Union das *höchste vollziehende und verfügende Organ der Staatsgewalt der UdSSR ist* (Artikel 64).

Der Rat der Volkskommissare wird in gemeinsamer Sitzung der beiden Kammern des Obersten Sowjets der UdSSR gebildet auf dem Wege einer namentlichen Abstimmung über jeden einzelnen vorgeschlagenen Kandidaten.

Seit Mai 1941 ist J.W. Stalin der Vorsitzende des Rates der Volkskommissare. Außer dem Vorsitzenden gehören laut Verfassung zum Rat der Volkskommissare die Stellvertreter des Vorsitzenden, die Volkskommissare, der Vorsitzende der Staatlichen Plankommission, der Vorsitzende des Komitees für Hochschulangelegenheiten, der Vorsitzende des Komitees für Kunstangelegenheiten und der Vorsitzende der Verwaltung der Staatsbank.

Der Rat der Volkskommissare hat das Recht, Sonderkomitees und Hauptverwaltungen für Angelegenheiten des Aufbaus der Wirtschaft, der Kultur und der Verteidigung zu bilden.

Die Sowjetregierung ist dem Obersten Sowjet der UdSSR und in der Zeit zwischen den Tagungen des Obersten Sowjets, dem Präsidium des Obersten Sowjets verantwortlich und rechenschaftspflichtig.

Die Regierung der UdSSR ist verpflichtet, auf die an sie gerichtete Anfrage eines Deputierten des Obersten Sowjets der UdSSR nicht später als nach drei Tagen mündlich oder schriftlich zu antworten.

Der Fragenkreis, der der Zuständigkeit des Rates der Volkskommissare untersteht, ist in der Verfassung genau festgelegt (Artikel 66–69).

Die Aufgabe der Sowjetregierung und ihrer Organe besteht nicht nur darin, den Staat im gewöhnlichen Sinne des Wortes zu verwalten, sondern auch darin, die gesamte Volkswirtschaft zu leiten.

Im Lande der Sowjets sind die Wirtschaftsbetriebe staatliches oder kooperativ-kollektivwirtschaftliches Eigentum. Hier wird die Wirtschaft im Interesse der Sowjetgesellschaft geführt, für die Befriedigung der Bedürfnisse und Ansprüche des Volkes. Die Leitung auf diesem Gebiet obliegt eben der Sowjetregierung.

Der Rat der Volkskommissare erlässt *Verordnungen und Verfügungen* und überwacht ihre Durchführung. Diese Verordnungen und Verfügungen werden auf Grund[lage] und in Ausführung der Gesetze des Obersten Sowjets der UdSSR erlassen, um diese praktisch zu verwirklichen, und sind für das ganze Gebiet der Sowjetunion rechtsverbindlich.

Der Rat der Volkskommissare der UdSSR hat das Recht, Anordnungen und Instruktionen der Volkskommissare der Sowjetunion aufzuheben, aber er kann nicht Verordnungen und Verfügungen des Rats der Volkskommissare einer Unionsrepublik aufheben. Ein solches Recht besitzt nur das Präsidium des Obersten Sowjets der UdSSR. Damit werden ein übriges Mal die staatlichen Hoheitsrechte der Unionsrepubliken unterstrichen.

Der Rat der Volkskommissare der UdSSR vereinigt und lenkt die ganze Arbeit der Volkskommissariate der Sowjetunion und der übrigen ihm unterstellten Wirtschafts- und Kultureinrichtungen. Er trifft Maßnahmen zur Realisierung des Volkswirtschaftsplans und des Staatshaushalts.

Dem Rate der Volkskommissare der UdSSR sind so wichtige Verpflichtungen auferlegt wie die Sicherung der öffentlichen Ordnung, der Schutz der Staatsinteressen und die Wahrung der Rechte der Bürger. Der Rat der Volkskommissare leitet den gesamten Aufbau der Streitkräfte des Landes und bestimmt die Jahreskontingente der zum aktiven Militärdienst einzuberufenden Bürger. Der Rat der Volkskommissare der UdSSR übt die Gesamtleitung im Verkehr mit den auswärtigen Staaten aus.

Die Volkskommissare der UdSSR leiten bestimmte Zweige der Volkswirtschaft und der Staatsverwaltung. Sie geben innerhalb ihres Arbeitsbereichs *Anordnungen und Instruktionen* heraus auf Grund[lage] und in Ausführung der geltenden Unionsgesetze, der Erlasse des Präsidiums des Obersten Sowjets sowie der Verordnungen und Verfügungen des Rates der Volkskommissare der UdSSR. Die Volkskommissare kontrollieren die Durchführung der Anordnungen und Instruktionen, leiten den Aufbau, die Ausbildung der Kader auf dem Gebiet ihrer Arbeit usw.

Der Volkskommissar ist verpflichtet, auf die an ihn gerichtete Anfrage eines Deputierten des Obersten Sowjets der UdSSR nicht später als nach drei Tagen mündlich oder schriftlich zu antworten.

Die Sowjetregierung fordert, dass die Volkskommissare ihr Hauptaugenmerk konzentrieren auf die lebendige Leitung, die Überwachung der Durchführung der gefassten Beschlüsse, auf die Instruierung, Anleitung und die praktische Hilfe für die Leiter der unteren Organe der Sowjet-Staats- und Wirtschaftsverwaltung.

Der Volkskommissar ist der *individuelle Leiter* des ihm übertragenen Zweiges der Verwaltung oder der Wirtschaft, d.h. des Volkskommissariats. Beim Volkskommissar besteht ein Kollegium seiner Helfer, die vom Rat der Volkskommissare der UdSSR ernannt werden. Doch sind die Beschlüsse des Kollegiums nur dann rechtskräftig, wenn sie vom Volkskommissar gutgeheißen werden; sie werden als seine

Verfügung durchgeführt.

Die Volkskommissariate der UdSSR verwalten jene einzelnen Gebiete der Volkswirtschaft und der Staatsverwaltung, die für die *gesamte Sowjetunion,* für ihr inneres Leben und ihre Beziehungen zu auswärtigen Staaten am wichtigsten sind.

Die Volkskommissariate der UdSSR sind eingeteilt in Unionsvolkskommissariate und in Unions- und Republiksvolkskommissariate.

Die Unionsvolkskommissariate leiten unmittelbar die ihnen anvertrauten Zweige der Wirtschaft und der Staatsverwaltung auf dem gesamten Gebiet der Sowjetunion.

Im Ganzen gibt es in der UdSSR 26 Unionsvolkskommissariate, darunter das Volkskommissariat für Kriegsmarine, Waffenindustrie, Außenhandel, Verkehrswesen, eine Reihe von Volkskommissariaten industrieller Bedeutung usw.

Die Unions- und Republiksvolkskommissariate der UdSSR leiten die ihnen anvertrauten Zweige der Staatsverwaltung und der Volkswirtschaft durch die gleichnamigen Volkskommissariate der Unionsrepubliken.

Sie koordinieren die Leitung vom Zentrum mit der unmittelbaren Leitung, die von den gleichnamigen Volkskommissariaten der Unionsrepubliken ausgeübt wird.

Erklären wir an einem Beispiel, warum eine solche Koordinierung notwendig ist. Nehmen wir die Kollektivwirtschaften und die sie bedienenden Maschinen- und Traktorenstationen. Hier gibt es solche Aufgaben, wie ihre Versorgung mit Maschinen, Werkzeugen, Zuchtvieh, hochwertigem Saatgut, Krediten usw. Das alles muss von einem Unionszentrum aus geschehen, welches eben das Unions- und Republiksvolkskommissariat für Landwirtschaft der UdSSR ist. Gleichzeitig besitzt die kollektive Landwirtschaft und Viehwirtschaft so viele lokale Besonderheiten, dass ihre praktische operative Leitung vom Zentrum aus nicht zweckentsprechend wäre, und so wird diese Leitung durch die Volkskommissariate für Landwirtschaft der Unionsrepubliken durchgeführt.

Es gibt im Ganzen Lande 16 Unions- und Republiksvolkskommissariate der UdSSR. Ein Teil von ihnen hat industrielle, ein anderer Teil landwirtschaftliche Bedeutung; die übrigen sind solche wie das Volkskommissariat für Landesverteidigung, für Auswärtige Angelegenheiten, für Finanzen, für Handel, für Innere Angelegenheiten, für Justiz- und für Gesundheitswesen.

Außer den Volkskommissariaten gibt es beim Rate der Volkskommissare der UdSSR laut Verfassung einige ständige Kommissionen und Komitees.

Dazu gehören die *Staatliche Plankommission,* deren Aufgabe die Planierung der gesamten Volkswirtschaft der Sowjetunion ist, das Komitee für Hochschulangelegenheiten, das Komitee für Kunstangelegenheiten und andere mehr.

Beim Rat der Volkskommissare der UdSSR arbeiten die Hauptverwaltungen für den Aufbau auf wirtschaftlichem, kulturellem und Verteidigungsgebiet. Dazu gehört die Hauptverwaltung für staatliche Arbeitsreserven, die die Heranbildung qualifizierter Arbeitskräfte im Lande leitet.

Auf diese Weise besitzt die Sowjetregierung laut Verfassung ziemlich weitreichende Rechte und Vollmachten in der Verwaltung und Leitung des gesamten Lebens der Sowjetunion. Die Verordnungen der Sowjetregierung sind auf dem ganzen Gebiet der UdSSR rechtsverbindlich. Die Autorität der Regierung ist unanfechtbar.

Gleichzeitig ist die Sowjetregierung für ihre ganze Tätigkeit dem Obersten Sowjet der UdSSR und seinem Präsidium verantwortlich und rechenschaftspflichtig.

Zu Beginn des Vaterländischen Krieges, am 30. Juni 1941, wurde auf Beschluss des Präsidiums des Obersten Sowjets der UdSSR das *Staatliche Verteidigungskomitee* gebildet.

Mit der Bildung des Staatlichen Verteidigungskomitees hörte deshalb die normale Tätigkeit der höchsten Organe der Staatsgewalt und der Staatsverwaltung der UdSSR nicht auf. Im Gegenteil, diese Tätigkeit wurde noch intensiver, was aus der großen Zahl der erlassenen Verfügungen zu ersehen ist, die von diesen Organen während des Vaterländischen Krieges herausgegeben wurden und große Bedeutung für die Verteidigung, für die Volkswirtschaft und den kulturellen Aufbau hatten.

IV. Kapitel: DIE HÖCHSTEN ORGANE DER STAATSGEWALT UND DER STAATSVERWALTUNG DER SOWJETREPUBLIKEN

1. Der Oberste Sowjet der Unionssowjetrepubliken

Die höchsten Staatsorgane der Unions- und der autonomen Sowjetrepubliken sind nach dem Typ der höchsten Staatsorgane der Sowjetunion aufgebaut. Das ist verständlich: die politische und ökonomische Grundlage aller Sowjetrepubliken und der gesamten Sowjetunion als Ganzes ist die gleiche.

Jede Unionsrepublik besitzt ihre *Verfassung*—das Staatsgrundgesetz, die in voller Übereinstimmung mit den Grundprinzipien der Verfassung der Sowjetunion abgefasst ist. Der innere Aufbau jeder Unionsrepublik wird denn auch durch ihre Verfassung bestimmt.

Jede Unionsrepublik hat ihren eigenen *Obersten Sowjet,* der das höchste Organ der Staatsgewalt der Unionsrepublik ist.

Der Oberste Sowjet der Unionsrepublik wird von den Bürgern der Republik auf Grund[lage] des allgemeinen, gleichen, direkten Wahlrechts bei geheimer Stimmabgabe auf die Dauer von vier Jahren gewählt. Die Vertretungsnormen für die Obersten Sowjets der Unionsrepubliken sind durch die Verfassungen dieser Republiken festgelegt. So vertritt z.B. laut Verfassung der Russischen Sozialistischen Föderativen Sowjetrepublik ein Deputierter im Obersten Sowjet dieser Republik eine Bevölkerung von 150.000 Menschen, in der Belarussischen Republik kommt ein Deputierter auf eine Bevölkerung von 20.000, in der Georgischen Republik—ein Deputierter auf 15.000 Menschen, in der Turkmenischen Republik—ein Deputierter auf eine Bevölkerung von 5.000 Menschen.

Zum Unterschied vom Obersten Sowjet der UdSSR besitzen die Obersten Sowjets der Unionsrepubliken nur eine Kammer. Die Unionsrepubliken bedürfen keiner zwei Kammern: alle autonomen nationalen Republiken, alle autonomen nationalen Gebiet und alle nationalen Bezirke, die zum Bestande dieser oder jener Unionsrepublik gehören, besitzen ihre Vertretung direkt im Sowjet der Nationalitäten der UdSSR und können dort ihre besonderen Interessen vertreten.

Der Oberste Sowjet der Unionsrepublik ist das einzige gesetzgebende Organ der Republik.

Die Gesetze der Unionsrepublik sind auf dem ganzen Gebiet dieser Republik rechtsverbindlich.

Der Oberste Sowjet der Unionsrepublik hat das Recht, die Verfassung der Unionsrepublik zu beschließen und abzuändern, die Verfassungen der in ihrem Rahmen bestehenden autonomen Republiken zu bestätigen, die Grenzen der Republiken festzusetzen, den Volkswirtschaftsplan und den Haushalt der Republik zu bestätigen, er übt das Recht der Amnestierung und Begnadigung der von den Gerichtsorganen der Unionsrepublik verurteilten Bürger aus.

Der Oberste Sowjet der Unionsrepublik wählt sein *Präsidium,* das dem Obersten Sowjet der Republik rechenschaftspflichtig ist, wählt den Vorsitzenden des Präsidiums und seine Stellvertreter, bestellt den *Rat der Volkskommissare* der Republik und wählt den *Obersten Gerichtshof* der Republik.

Die einzelnen Rechte des Obersten Sowjets sind in den Verfassungen der Unionsrepubliken selbst festgelegt. Laut diesen Verfassungen erstrecken sich die Rechte des Obersten Sowjets der Unionsrepublik und seines Präsidiums auf alle Fragen des Staats- und Wirtschaftslebens mit Ausnahme derjenigen, die durch die *Verfassung der Sowjetunion* den höchsten Organen der UdSSR *übertragen sind.*

»Präsident« der Unionsrepublik ist ein Kollegium— und zwar das Präsidium des Obersten Sowjets der Unionsrepublik. Die Rechte und die Zusammensetzung des Präsidiums des Obersten Sowjets der Unionsrepublik sind in der Verfassung der Unionsrepubliken bestimmt. Die Zahl der Präsidiumsmitglieder ist in den einzelnen Unionsrepubliken verschieden.

2. Der Rat der Volkskommissare der Unionssowjetrepubliken

Jede Unionsrepublik besitzt laut Verfassung der Sowjetunion ihren eigenen *Rat der Volkskommissare*—das höchste vollziehende und verfügende Organ, die Regierung der Unionsrepublik. Er wird vom Obersten Sowjet der Republik bestellt und ist diesem sowohl wie seinem Präsidium verantwortlich und rechenschaftspflichtig.

Der Rat der Volkskommissare der Republik hat das Recht, auf Grund[lage] und in Ausführung der Gesetze der Sowjetunion und der Unionsrepublik, auf Grund[lage] der Verordnungen und Verfügungen des Rates der Volkskommissare der UdSSR Verordnungen und Verfügungen zu erlassen, und hat ihre Durchführung zu überwachen. Der Rat der

Volkskommissare der Unionsrepubliken hat das Recht, Verordnungen und Verfügungen des Rates der Volkskommissare der autonomen Republiken zu suspendieren und Beschlüsse und Verfügungen der Exekutivkomitees der Sowjets der Regionen, Gebiet und autonomen Gebiet der Republik aufzuheben. Die Rechte der Regierung der Unionsrepubliken sind in ihren Verfassungen im Einzelnen festgelegt.

Der Rat der Volkskommissare der Unionsrepublik besteht aus dem Vorsitzenden, seinen Stellvertretern und den Volkskommissaren der Republik, dem Vorsitzenden der Staatlichen Plankommission der Republik, dem Leiter der Verwaltung für Kunstangelegenheiten, den Bevollmächtigten der Unionsvolkskommissariate. Beim Rat der Volkskommissare der Unionsrepublik sind eine Reihe von Verwaltungen eingerichtet, darunter die Verwaltung der staatlichen Arbeitsreserven.

Die Volkskommissariate der Unionsrepublik sind Unions- und Republiksvolkskommissariate oder Republiksvolkskommissariate.

Den Unions- und Republiksvolkskommissariaten in den Unionsrepubliken unterstehen solche Zweige der Volkswirtschaft und der Verwaltung, die außer der praktischen Leitung seitens der Republikorgane noch einer Leitung von den Unionszentren aus bedürfen. Sie leiten dieselben Zweige und tragen dieselben Benennungen wie die Unions- und die Republiksvolkskommissariate der UdSSR. Sie sind jedoch Organe der Unionsrepublik (und keine Organe der gleichnamigen zentralen Volkskommissariate). Sie sind sowohl dem Rate der Volkskommissare der Unionsrepublik wie auch den entsprechenden Unions- und Republik- Volkskommissariaten der UdSSR rechenschaftspflichtig.

Republiksvolkskommissariate gibt es für jene Zweige der Volkswirtschaft und der Verwaltung, die vor allem für die gegebene Unionsrepublik Bedeutung haben. Die Republiksvolkskommissariate sind unmittelbar dem Rate der Volkskommissare der Unionsrepubliken unterstellt.

3. Die höchsten Staatsorgane der autonomen Republiken

Jede autonome Sowjetrepublik hat ihre *Verfassung.* Diese Verfassung trägt den nationalen Besonderheiten des gegebenen Staates Rechnung und ist in voller Übereinstimmung mit der Verfassung jener Unionsrepublik aufgebaut, in deren Rahmen die autonome Republik besteht. Jede autonome Republik besitzt ihre höchsten Organe der Staatsgewalt und der Staatsverwaltung. Diese Organe sind im Grunde genauso aufgebaut wie in den Unionsrepubliken.

Das höchste Organ der Staatsgewalt und das einzige gesetzgebende Organ der autonomen Republik ist ihr *Oberster Sowjet.*

Der Oberste Sowjet der autonomen Republik beschließt ihre Verfassung, bestimmt die Einteilung der Republik in Rayons, bestätigt den Volkswirtschaftsplan und den Haushalt der Republik und verleiht Ehrentitel der Republik. Die Verfassung und die Rayon-Einteilung der autonomen Republik unterliegt der Bestätigung des Obersten Sowjets der Unionsrepublik.

Der Oberste Sowjet der autonomen Republik wählt sein Präsidium, das dem Obersten Sowjet der Republik rechenschaftspflichtig ist, wählt seinen Vorsitzenden und seine Stellvertreter, bestellt den *Rat der Volkskommissare* der Republik und wählt den Obersten Gerichtshof der Republik.

Die Zusammensetzung der höchsten Staatsorgane der autonomen Republik sowie ihre Rechte und Pflichten sind in der Verfassung der entsprechenden Unionsrepublik und den Verfassungen der autonomen Republiken selbst festgelegt.

Die autonomen Republiken haben eigene *Volkskommissariate:* die Volkskommissariate für Landwirtschaft, Finanzwesen, Handel, innere Angelegenheiten, Justiz, Gesundheitswesen, Bildungswesen, örtliche Industrie, Kommunalwirtschaft und soziale Fürsorge. Diese Volkskommissariate sind dem Rate der Volkskommissare der autonomen Republiken und den entsprechenden Volkskommissariaten der Unionsrepubliken untergeordnet.

4. Die örtlichen Organe der Staatsgewalt

In jeder Unionsrepublik ist zum Zwecke der staatlichen und wirtschaftlichen Verwaltung eine bestimmte, in der Verfassung der Sowjetunion festgesetzte Einteilung des Territoriums durchgeführt. In den einzelnen Republiken ist die administrative Gebietseinteilung entsprechend den örtlichen Bedingungen verschieden.

Die Mehrzahl der Unionsrepubliken ist in Gebiete und Rayons eingeteilt.

So gibt es z.B. in der Ukrainischen Unionsrepublik 25 Gebiete, 746 Land- und 70 Stadtrayons.

Die komplizierteste administrative Gebietseinteilung besitzt die Russische Unionsrepublik. Sie ist in 45 Gebiete, 6 Regionen, 2.350 Land- und 269 Stadtrayons eingeteilt. Außerdem bestehen in ihrem Rahmen 6 autonome Gebiet und 10 nationale Bezirke.

Eine Region ist eine solche administrative territoriale Einheit, in deren Rahmen ein autonomes Gebiet besteht. Innerregionale Gebiet gibt es nur in solch gewaltigen Regionen, wie es die Regionen Primorje und Chabarowsk sind.

Die Organe der Staatsgewalt in den Regionen, Gebieten, Bezirken, Rayons, den Städten und den ländlichen Ortschaften sind laut Verfassung der UdSSR *die örtlichen Sowjets der Deputierten der Werktätigen.* (Artikel 94 der Verfassung.) Diese Sowjets werden von den Bürgern auf Grund[lage] des allgemeinen, gleichen, direkten Wahlrechts bei geheimer Abstimmung auf die Dauer von zwei Jahren gewählt.

Die vollziehenden und verfügenden Organe der örtlichen Sowjets sind die von ihnen gewählten *Exekutivkomitees,* bestehend aus dem Vorsitzenden, seinen Stellvertretern, dem Sekretär und den Mitgliedern. In kleineren Ortschaften wird das Vollzugsorgan aus nur drei Personen gewählt: dem Vorsitzenden, seinem Stellvertreter und dem Sekretär. Die Exekutivkomitees der Sowjets sind sowohl dem Sowjet, der sie gewählt hat, als auch dem Vollzugsorgan des übergeordneten Sowjets der Deputierten der Werktätigen rechenschaftspflichtig.

Die Sowjetregierung hat stets den örtlichen Sowjets erstrangige Bedeutung zugelegt und tut es auch heute. Laut Artikel 97 der Verfassung leiten die örtlichen Sowjets die Tätigkeit »der ihnen unterstellten Verwaltungsorgane, gewährleisten den Schutz der staatlichen Ordnung, die Einhaltung der Gesetze und die Wahrung der Rechte der Bürger, leiten den örtlichen Wirtschafts- und Kulturaufbau und stellen den örtlichen Haushalt auf«.

Die örtlichen Sowjets fassen *Beschlüsse* und erlassen *Verfügungen* im Rahmen der ihnen durch die Gesetze der Sowjetunion, der Unionsrepubliken und der autonomen Republiken gewährten Rechte.

Sie tragen zur Stärkung der Wehrfähigkeit des Landes bei, haben das Recht, jede beliebige Frage des örtlichen, politischen, wirtschaftlichen und kulturellen Aufbaus zu entscheiden, können die Beschlüsse und Anordnungen der untergeordneten Sowjets aufheben und abändern.

Die örtlichen Organe der Sowjetmacht haben nichts gemein mit den sogenannten Organen der lokalen

Selbstverwaltung. Im alten Russland hatten diese Organe keinerlei Rechte der Staatsgewalt, sie waren in ein Anhängsel der zentralisierten Staatsmaschine verwandelt.

In der Sowjetunion sind die örtlichen Organe der Deputierten der Werktätigen Organe der Staatsgewalt, sie sind ein integrierender Bestandteil des neuen, wirklich demokratischen Staatssystems, das von der Großen Oktoberrevolution geschaffen worden ist.

V. Kapitel: DIE GRUNDRECHTE DER BÜRGER DER SOWJETUNION

DIE GEWALTIGEN ERRUNGENSCHAFTEN DER WERKTÄTIGEN der UdSSR kommen am klarsten zum Ausdruck in den Rechten, die in den Verfassungsartikeln festgelegt sind.

Die Verfassung der UdSSR enthält nicht nur keine Beschränkungen und Vorbehalte hinsichtlich der proklamierten Rechte, sondern weist darauf hin, wodurch diese Rechte in der Wirklichkeit gewährleistet werden.

1. Das Recht auf Arbeit

Im Sowjetlande ist zum ersten Mal in der Geschichte der Menschheit das Recht auf Arbeit verwirklicht. Der uralte Wunschtraum der Menschheit wurde in einem Sechstel der Welt Wirklichkeit. Das Recht auf Arbeit fand im Grundgesetz des Sowjetlandes Aufnahme und ist im Artikel 118 der Verfassung mit folgenden Worten niedergelegt: »Die Bürger der UdSSR haben das Recht auf Arbeit, das heißt das Recht auf garantierte Beschäftigung mit Entlohnung ihrer Arbeit nach Menge und Qualität«.

Und in der Tat, in der UdSSR gibt es keine Arbeitslosigkeit. Sie wurde schon 1931 vollkommen und für immer liquidiert. Die sowjetischen Arbeiter haben schon längst vergessen, was die Arbeitslosigkeit mit all ihren Folgen ist.

Das ist kein Zufall. Das sozialistische System der Planwirtschaft in der UdSSR schließt die Möglichkeit der Krisen und Arbeitslosigkeit aus. Das Ziel des Sowjetstaates ist die systematische und ununterbrochene Hebung des Wohlstandes und des Lebensstandards der Massen. Es ist das Ziel des Sowjetstaates, die Produktivität auf ein solches Niveau zu heben, wo jeder entsprechend seinen Fähigkeiten arbeitet und jeder seinen Bedürfnissen entsprechend versorgt wird. Aber die Verwirklichung dieses Ziels erfordert *unermesslich* mehr Reichtümer, als bislang geschaffen worden sind. Um jedes Mitglied der Gesellschaft mit allem Nötigen zu versorgen, muss im Lande eine Unmenge an Metall, Maschinen, Brennstoffen, allen möglichen Produktions- und Konsumtionsmitteln erzeugt werden. Die Hebung aller Produktionszweige muss ununterbrochen und unverwandt vor sich gehen. Aber dazu ist seinerseits erforderlich, dass alle Arbeitsfähigen *ohne Ausnahme* an der Arbeit des Volks teilnehmen. Unter diesen Bedingungen kann selbstverständlich keine Rede sein von Arbeitslosigkeit, im Gegenteil, die Volkswirtschaft wird stets neuer Kader von Arbeitern bedürfen.

Das Wachstum der Arbeiterklasse und ihres Wohlstandes sind die beste Illustration dafür, wie in der UdSSR das Recht auf Arbeit verwirklicht wird. Im Jahre 1928 gab es in der UdSSR 11,6 Millionen Arbeiter und Angestellte und im Jahre 1940 waren es 30,4 Millionen. Der Lohnfonds der Arbeiter und Angestellten der UdSSR wuchs 1940 auf 123,7 Milliarden Rubel gegenüber 116,5 Milliarden Rubel im Jahre 1939.

Infolge des unentwegten Wachstums der Industrie und der anderen Wirtschaftszweige nimmt der Bedarf der Volkswirtschaft an gelernten Arbeitern ständig zu.

Das Präsidium des Obersten Sowjets hat einen Erlass »Über die staatlichen Arbeitsreserven der UdSSR« herausgegeben, der eine besondere Ordnung bei der Heranbildung gelernter Arbeiter für die Industrie, den Transport, für das Bauwesen und das Verbindungswesen festlegt. Es wurden besondere Gewerbeschulen, Eisenbahnerschulen und Werkschulen geschaffen. Die Sowjetregierung hat vor dem Kriege in diesen Lehranstalten jährlich 800.000 bis 1.000.000 Jugendliche im Alter von 14 bis 17 Jahren aus den Städten und den Kollektivwirtschaften gesammelt. Die Ausgaben für die Ausbildung und den Unterhalt der Lehrlinge bestreitet der Sowjetstaat.

Diese Maßnahme spielte und spielt eine gewaltige Rolle bei der Versorgung der Betriebe mit gelernten Arbeitern, besonders in den Tagen des Großen Vaterländischen Krieges gegen den deutschen Faschismus.

Wir sehen, dass in der Verfassung der UdSSR mit vollem Grund nicht nur das Recht auf Arbeit schriftlich festgelegt, sondern auch, dass dieses Recht in der Praxis allen Bürgern der UdSSR gewährleistet ist.

Die Bürger der UdSSR arbeiten nicht für die Ausbeuter, sondern für sich selbst, für ihren Staat, für ihre Gesellschaft. Je mehr sie der Gesellschaft geben, desto mehr erhalten sie von ihr und desto reicher wird die ganze Gesellschaft.

Das erzeugt den Arbeitsheroismus der Massen, das begeistert zu Heldentaten der Arbeit, zur Erfüllung der zwei- bis dreifachen und zehnfachen Produktionsnormen, zur Entdeckung neuer und zur Vervollkommnung alter Arbeitsmethoden, zur schnellen Meisterung der kompliziertesten Berufe.

2. Das Recht auf Erholung

Artikel 119 der Verfassung lautet:

»Die Bürger der UdSSR haben das Recht auf Erholung«.

Im zaristischen Russland dauerte der Arbeitstag 14 und mehr Stunden. Durch ihren Kampf zwangen die Arbeiter die Regierung, im Jahre 1897 ein Gesetz zu erlassen, das den 11-stündigen Arbeitstag festsetzte. Aber dasselbe Gesetz erlaubte den Fabrikbesitzern, Überstundenarbeit ohne jede Begrenzung machen zu lassen. Und nur der Widerstand der Arbeiter, die Arbeiterstreiks, haben den Ausbeutungsbestrebungen der Unternehmer gewisse Schranken gesetzt.

Im Lande der Sowjets ist allen Bürgern durch das Grundgesetz des Staates, die Verfassung der UdSSR, das Recht auf Erholung gewährt. Dieses Recht wird in der Tat gewährleistet durch die Beschränkung der Dauer des Arbeitstages auf Gesetzeswege, durch Festsetzung arbeitsfreier Tage und eines alljährlichen vollbezahlten Urlaubs für die Arbeiter und Angestellten sowie durch ein in den Dienst der Werktätigen gestelltes, umfassendes Netz von Erholungsheimen, Klubs und Sanatorien.

Der Sowjetstaat legt besondere Sorgfalt für die Frauen an den Tag.

In staatlichen Betrieben und Institutionen erhalten die Frauen einen zusätzlichen, vollbezahlten Urlaub von 35 Tagen vor und 42 Tagen nach der Entbindung.

Die Kollektivwirtschaften befreien die Frauen einen Monat vor und einen Monat nach der Entbindung von der Arbeit, wobei der Kollektivbäuerin 50 Prozent ihres durchschnittlichen Einkommens ausgezahlt wird.

Die Sowjetmacht hat durch das Dekret vom 11. November 1917 unverzüglich den achtstündigen Arbeitstag eingeführt mit einer Verkürzung dieser Arbeitszeit in einer Reihe von Industriezweigen. Schwerarbeit für Frauen und die Verwendung von Frauenarbeit in gesundheitsschädlichen Betrieben ist nicht gestattet. Kinderarbeit ist überhaupt verboten. Nachdem sich inzwischen die Produktivität der Arbeit gehoben hatte, verfügte im Jahre 1927, am 10. Jahrestag der Großen Oktoberrevolution, das Zentralexekutivkomitee der Sowjets der UdSSR, den Arbeitstag ohne Verringerung des Arbeitslohnes auf sieben Stunden zu verkürzen sowie für Untertagearbeit, Nachtarbeit und besonders gesundheitsschädliche Arbeiten, wie auch für Kopfarbeiter, Büroangestellte und Jugendliche (von 16 bis 18 Jahren) den Arbeitstag auf sechs Stunden zu beschränken. Dann wurde die Sechstagewoche mit einem Ruhetag an jedem sechsten Tag eingeführt.

Außer dem regelmäßigen allwöchentlichen Ruhetag für die Arbeiter und Angestellten ist noch ein alljährlicher vollbezahlter Urlaub von mindestens zwölf Arbeitstagen und für Jugendliche von mindestens 24 Arbeitstagen festgesetzt.

Schwerarbeiter und Arbeiter in gesundheitsschädlichen Arbeitszweigen erhalten einen Urlaub von 24 Arbeitstagen. Einen Urlaub von 24 Arbeitstagen bekommen außerdem gewisse Kategorien von Kopfarbeitern und Mitarbeiter im Staats- und administrativen Apparat.

In den Kollektivwirtschaften wird die Dauer des Arbeitstages und die Zeit für die Erholung- durch die allgemeine Versammlung der Mitglieder der Kollektivwirtschaft bestimmt. (Artikel 20 der Statuten der Kollektivwirtschaft.) Im Allgemeinen ist der Arbeitstag der Kollektivwirtschaftler bedeutend kürzer als in den alten bäuerlichen Einzelwirtschaften.

Das Recht der Werktätigen auf Erholung wird in der Sowjetunion nicht nur durch die Verkürzung des Arbeitstages und die Dauer des Urlaubs gewährleistet, sondern auch durch jene materiellen und kulturellen Bedingungen, die der Staat schafft, um die Erholung der Werktätigen allseitig sicherzustellen.

Für Heilungszwecke und zur Stärkung der Gesundheit der Werktätigen während ihrer Erholungszeit haben der Staat und die Gewerkschaften ein umfassendes Netz besonderer Erholungsheime und Sanatorien geschaffen, die an den Meeresküsten, in Parks und in Wäldern gelegen sind. Für die Sanatorien wurden meist neue Gebäude errichtet. Ihre Behandlungsräume sind nach dem letzten Stand der Technik eingerichtet und verfügen über alle Einrichtungen zu Heilzwecken. Die Erholungsheime sind in der Regel in früheren Lustschlössern untergebracht, in denen für alles gesorgt wird, was die Werktätigen zur Erholung benötigen, angefangen von der Ernährung bis zu allen möglichen kulturellen und sportlichen Unterhaltungen. Eine Erholung oder Kur unter solchen Bedingungen stellt die Gesundheit wieder her, stärkt den Körper und gibt neue Arbeitsenergie, Mut und Lust.

540.000 Arbeiter und Angestellte wurden 1940 in den Sanatorien der UdSSR behandelt und erholten sich. 2.400.000 Personen verbrachten zwei Wochen und 1.600.000 ein Wochenende in Erholungsheimen.

Dabei wurden für 900 Millionen Rubel Freiplätze in den Sanatorien und Erholungsheimen an Werktätige ausgegeben.

Einer der beliebtesten Erholungsorte der Arbeiter, sowohl für die Jugend wie auch für die Alten, sind die Klubs. Fast jeder Betrieb hat seinen Klub, in dem jede Art von Erholung und Unterhaltung getrieben wird. Im Klub finden systematisch Vorlesungen, Referate und Diskussionsabende statt, es werden Filmvorführungen veranstaltet, und jeder Klub hat seine eigene Bibliothek. In den Klubs gibt es zahllose Theater-, Musik- und Literaturzirkel sowie Sportgruppen usw., wo die Arbeiterjugend ihre Talente entwickelt und sich erholt.

Bei Großbetrieben, wie z.B. beim Stalinwerk in Moskau, gibt es Kulturpaläste.

Fast in allen Kreisstädten der Sowjetunion sind Gebäude eingerichtet, in denen nach demselben Prinzip die Erholung für die Kollektivwirtschaftler und die Werktätigen des Rayons organisiert ist. In der UdSSR gibt es keine einzige Ortschaft ohne »Rote Ecke« oder Lesestube, die im Dorfe als Erholungsstätte dienen.

Für die Entwicklung der Körperkultur und des Sports hat der Staat im Jahre 1940 130 Millionen Rubel, für Touristik und Alpinismus mehr als 45 Millionen Rubel bewilligt. Den Sportvereinen standen 4.000 Sportplätze mit Fußballplätzen, 45.000 Spielplätze für Faustball- und Korbballspiel, 6.000 Skibauden mit Schneeschuhverleih und 1.200 Tennisplätze zur Verfügung.

Zu Beginn des Jahres 1941 gab es in der UdSSR 885 Theater, während es vor der Revolution nur 153 gab. Im Jahre 1939 gab es in der UdSSR 90 Zirkusse, 103.700 Klubhäuser und etwa 31.000 Lichtspieltheater.

All das zeigt, dass das Recht auf Erholung für die Bürger der UdSSR sicher und allseitig gewährleistet ist.

3. Das Recht auf materielle Versorgung im Alter, im Fall von Krankheit und Invalidität

Artikel 120 der Verfassung lautet: »Die Bürger der UdSSR haben das Recht auf materielle Versorgung im Alter sowie im Fall von Krankheit und Invalidität«.

Im zaristischen Russland hatten die Arbeiter kein solches Recht und konnten es auch nicht haben. Im Krankheitsfalle oder bei Verstümmelung setzte der Unternehmer den Arbeiter vor die Tür. Im Alter und bei Invalidität erhielten die Arbeiter keinerlei Pension, ihrer wartete das Elend.

Die Lage der Bauern im zaristischen Russland war auch nicht besser. Sie lebten in ewiger Sorge um die Zukunft. Eine Missernte, ein Brand, ein gefallenes Vieh, eine Krankheit, eine Verstümmelung, die Einziehung in die Armee genügte und die Bauernwirtschaft ging aus den Fugen. Im Alter wurde der Bauer eine Bürde für seine Familie.

In der Sowjetunion ist die Sache ganz anders:

Vor allem gibt es in der UdSSR das Problem der Arbeitslosenversicherung überhaupt nicht, da die Arbeitslosigkeit schon längst und auf Nimmerwiedersehen verschwunden ist.

Im Alter, im Falle von Krankheit und Invalidität *übernimmt der Sowjetstaat* die materielle Versorgung der Arbeiter und Angestellten.

Das Recht der Werktätigen auf materielle Hilfe wird gewährleistet—wie Artikel 120 der Verfassung der UdSSR besagt—»durch die umfassende Entwicklung der Sozialversicherung der Arbeiter und Angestellten auf Staatskosten, durch unentgeltliche ärztliche Hilfe für die Werktätigen, durch das den Werktätigen zur Verfügung gestellte umfassende Netz von Kurorten«.

Der Sowjetstaat zahlt Alterspensionen an alle Männer, die 60 Jahre alt geworden sind und nicht weniger als 25 Jahre in Arbeit gestanden haben, und an alle Frauen, die das 55. Lebensjahr erreicht und nicht weniger als 20 Jahre gearbeitet haben. Für einige Kategorien ist die Altersgrenze um fünf Jahre verringert und die nötige Beschäftigungsdauer auf 20 Jahre festgesetzt. Die Alterspension wird lebenslänglich und unabhängig vom Grade der Arbeitsfähigkeit *im Umfang von 50 bis 60 Prozent* des früheren Arbeitslohnes des Pensionsempfängers ausbezahlt. Wegen Erhalt der Pension verliert der Pensionsempfänger nicht das Recht auf Arbeit. Stirbt der Ernährer der Familie, so geht die Pension auf die arbeitsunfähigen und minderjährigen Mitglieder seiner Familie über. Für besonders hervorragende Verdienste um Gesellschaft und Staat setzt die Sowjetregierung eine erhöhte Personalpension aus.

Die Arbeiter und Angestellten, die ihre Arbeitsfähigkeit infolge eines Betriebsunfalles oder einer Berufserkrankung für immer verloren haben, erhalten vom Staat eine Pension *im Umfang ihres vollen Einkommens,* unabhängig von der Dauer ihres bisherigen Arbeitsverhältnisses. Bei Verlust der Arbeitsfähigkeit infolge anderer Ursachen wird die Pension im Umfang von *nicht weniger als zwei Drittel* des Einkommens bezahlt. In diesen Fällen ist eine bestimmte Beschäftigungsdauer notwendig, um die Pension zu bekommen.

Im Falle einer vorübergehenden Arbeitsunfähigkeit, d.h. Erkrankung, zahlt der Sowjetstaat eine Unterstützung von 50 bis 100 Prozent des Arbeitslohns aus. Das Recht auf Unterstützung haben auch solche Personen, denen für eine bestimmte Zeit erlaubt ist, der Arbeit fernzubleiben, um kranke Familienangehörige zu pflegen.

Das Budget der Sozialversicherung betrug im Jahre 1939 für alle Ausgaben 7 Milliarden 485 Millionen Rubel und 1940 betrug es 8 Milliarden 779 Millionen Rubel. Allein für Krankenunterstützung wurden 1940 2 Milliarden 143 Millionen Rubel bewilligt.

Kollektivbauern erhalten im Alter, im Falle von Krankheit und Invalidität materielle Beihilfe von ihrer Kollektivwirtschaft laut Satzungen der Kollektivwirtschaft. Die allgemeine Versammlung der Mitglieder der Kollektivwirtschaft setzt einen Fonds aus zur Unterstützung von Kollektivbauern, die invalid, alt, zeitweilig arbeitsunfähig usw. geworden sind.

Die materielle Unterstützung für die Werktätigen beschränkt sich nicht auf Pensionen. Sie wird auch gewährleistet durch unentgeltliche ärztliche Hilfe und durch das umfassende Netz von Kurorten, wie das in Artikel 120 der Verfassung gesagt wird.

Ärztliche Hilfe jeder Art—in Ambulatorien, Polikliniken, Heilanstalten, Krankenhäusern und durch Hausbehandlung—wird durch die staatlichen Einrichtungen des Gesundheitsschutzes in der Sowjetunion allen Bürgern *unentgeltlich* erwiesen.

Die zaristische Regierung hatte für den Schutz der Volksgesundheit in den zentralen Gouvernements 78 Kopeken jährlich pro Kopf der Bevölkerung verausgabt.

Aber im Sowjetlande betrugen diese Ausgaben zum Beispiel in der RSFSR vor dem Krieg 62 Rubel 59 Kopeken im Jahre pro Kopf der Bevölkerung.

Im Jahre 1939 zählte man in der Sowjetunion über 30.000 Ambulatorien und Polikliniken (im zaristischen Russland waren, es nur 5.500). Krankenhausplätze gab es in der Sowjetunion in demselben Jahr 772.000 (im zaristischen Russland gab es 175.500).

Ausländer, die die Sowjetunion besuchen, sind besonders davon überrascht, dass die ärztliche Hilfe hier unentgeltlich ist. Eine amerikanische Reisende musste sich in einem Sowjetkrankenhaus einer Operation unterziehen, und natürlich nahm man von ihr dafür keine Kopeke. Die Kunde davon kam in alle amerikanischen Zeitungen als irgendein außerordentliches Ereignis. Aber für die Sowjetbürger ist die unentgeltliche ärztliche Hilfe ein Gesetz, das dem Volke zur alltäglichen Gewohnheit geworden ist.

Im zaristischen Russland haben die Arbeiter und Bauern von Sanatorien und Erholungsheimen nicht einmal etwas zu hören bekommen. In der Sowjetunion betrug 1939 die Zahl der Plätze in Sanatorien für Erwachsene und Kinder (abgesehen von den Erholungsheimen) 230.000, die von ungefähr 1,5 Millionen Personen benutzt wurden.

Eine gewaltige Arbeit leistet die Sowjetmacht bei der Unterbringung von alten Leuten und Invaliden in Sanatorien. Allein in der RSFSR wurden 1937 vom Staat für diesen Zweck 20 Millionen Rubel verausgabt. Für die Beschaffung von Freiplätzen in Sanatorien und Erholungsheimen wurden ungefähr 1.200.000 Rubel verausgabt. Außerdem besitzt das Volkskommissariat für soziale Fürsorge der RSFSR eigene Sanatorien, in denen sich 1937 4.600 Pensionsempfänger aufhielten.

Als Invalidenheime, Sanatorien und Erholungsheime, die speziell für alte Leute und Invaliden bestimmt sind, wurden schöne Gebäude eingerichtet, die mit allen möglichen Behandlungsräumen ausgestattet sind und ihre eigene Wirtschaft besitzen. Dank dieser Einrichtungen können Hunderte und Tausende von alten Leuten und Invaliden ihren Lebensabend in Ruhe und Geborgenheit verbringen.

Hier eins der Beispiele: in der Nähe von Moskau liegt ein derartiges Sanatorium, das Maria-Iljinischna-Uljanowa-Sanatorium In den 38 Räumen dieses Palastes gibt es 100 Plätze für Kranke und Erholungsbedürftige, eine Abteilung für Elektrotherapie, eine für Wasserbehandlung, eine zahnärztliche Abteilung, ein Laboratorium und andere medizinische Einrichtungen. Beim Sanatorium gibt es einen herrlichen Park, der sich über 11 Hektar ausbreitet, an ihn schließt sich ein Obstgarten von acht Hektar an, eine eigene große Wirtschaft ist vorhanden.

In Sotschi am Schwarzen Meer wurde ein Sanatorium speziell für Invaliden geschaffen, das jährlich etwa 1.500 Menschen aufnimmt, in Kislowodsk im Kaukasus gibt es ein Erholungsheim für 220 Invaliden, in Jalta eins für 750 Personen usw.

Es ließen sich noch viele solche Beispiele anführen. Sie alle zeigen die wirkliche Sorge der Sowjetmacht für das Volk und seine Bedürfnisse.

4. Das Recht auf Bildung

»Die Bürger der UdSSR haben das Recht auf Bildung«—so lautet Artikel 121 der Sowjetverfassung.

Im alten Russland war die Bildung ein besonderes Privileg für die Kinder der Gutsbesitzer, der Kapitalisten, Beamten, Kaufleute und der Geistlichen. Für die Werktätigen war sie unerreichbar, da für die Bildung viel Geld nötig war, und wo hätte das der Arbeiter oder Bauer hernehmen sollen?

Die Folge davon war das niedrige Bildungsniveau der Bevölkerung. Im zaristischen Russland konnten nur 24 Prozent der Bevölkerung lesen und schreiben. Das Analphabetentum unter den Frauen war noch größer, es betrug 87,6 Prozent. Viele Nationalitäten kannten das gedruckte Wort überhaupt nicht, sie besaßen kein Alphabet.

Heute ist die Lage in der Sowjetunion ganz anders. Nach der Volkszählung vom 17. Januar 1939 gab es in der Sowjetunion nur 18,8 Prozent Analphabeten im Alter von 9 und mehr Jahren, während Analphabeten im Alter von 9 bis 49 Jahren es nur 10,9 Prozent gab. Alle Kinder im schulpflichtigen Alter sind von den Elementarschulen erfasst. Der Unterricht wird in der Muttersprache eines jeden Volkes erteilt. In den Elementar- und Mittelschulen lernten im Unterrichtsjahr 1939–1940 32,1 Millionen Kinder. In den Schulen und Kursen für Erwachsene studierten im selben Jahr 6 Millionen Menschen. Bücher werden in der Sowjetunion in 82 und Zeitungen in 59 Sprachen gedruckt.

In den 750 Hochschulen der Sowjetunion studierten im Jahre 1939–1940 620.000 Personen (im alten Russland gab es 91 Hochschulen mit 112.000 Studenten). Nach der Zahl der Lernenden in den Mittel- und Hochschulen steht die Sowjetunion an erster Stelle in der Welt. Die Zahl der auf den Sowjethochschulen Studierenden war 1939–1940 um 100.000 höher als die Gesamtzahl der Studenten in den 22 Ländern Europas, England, Frankreich und die anderen Großstaaten eingeschlossen.

Im Sowjetland ist der Unterricht in den Elementar- und den siebenjährigen Mittelschulen vollkommen *unentgeltlich.* Die Unterrichtskosten in den nächsten drei Klassen der zehnjährigen Mittelschule, in den Spezial-Mittelschulen und den Hochschulen nimmt der Sowjetstaat zum größten Teil auf sich.

Die Elementarschulbildung in der UdSSR ist für alle obligatorisch. In den Betrieben, den Sowjetwirtschaften, den Kollektivwirtschaften, den Maschinen- und Traktorenstationen ist die unentgeltliche (technische und agronomische) Berufsschulung eingeführt. In den Gewerbeschulen, den Eisenbahnerschulen und den Werkschulen übernimmt der Sowjetstaat, wie wir schon früher erwähnt haben, nicht nur alle Ausgaben für die Ausbildung, sondern auch alle Kosten *für den Unterhalt* der Lehrlinge. Der Sowjetstaat hat für den Unterhalt dieser Lehranstalten allein im Jahre 1940–1941 ungefähr 5 Milliarden Rubel bewilligt.

Studenten auf Hochschulen und Techniken, die in allen Fächern gute Noten aufzuweisen haben, erhalten vom Sowjetstaat *Stipendien.* Studenten, die aus der Roten Armee infolge Verwundung oder Krankheit zum Studium zurückkehren, erhalten Stipendien, auch wenn sie nur mittelmäßige Noten aufzuweisen haben.

So ist in Wirklichkeit das Recht auf Bildung für alle Bürger des Sowjetlandes gewährleistet.

5. Die Gleichberechtigung der Frau

In Artikel 122 der Sowjetverfassung wird gesagt:

»Der Frau stehen in der UdSSR auf allen Gebieten des wirtschaftlichen, staatlichen, kulturellen, gesellschaftlichen und politischen Lebens die gleichen Rechte wie dem Manne zu«.

Wie aber war die Lage der Frau im zaristischen Russland?

Das ganze Volk wurde unterdrückt, und die arbeitenden Frauen wurden doppelt unterdrückt. Außer der Arbeit in der Fabrik oder auf dem Felde waren sie noch mit Hausarbeit und mit der Pflege der Kinder beschäftigt. In den Fabriken und Werken wurden die Frauen noch mehr als die Männer ausgebeutet. Ein Arbeitsschutzgesetz für Frauen gab es nicht.

Die Frau hatte nicht nur bei den Wahlen für die Staatsduma, sondern auch bei den Wahlen für die Organe der lokalen Selbstverwaltung kein Wahlrecht.

Die verheiratete Frau war nach zaristischem Gesetz die Sklavin des Mannes.

Die Sowjetmacht hat sofort die *volle Gleichberechtigung* der Frauen verkündet. In der Arbeit, bei der Entlohnung der Arbeit, in Bezug auf Erholung, auf Sozialversicherung, auf Bildung und im politischen und gesellschaftlichen Leben sind den Frauen die gleichen Rechte wie dem Manne gesichert. Gleichzeitig ergriff die Sowjetmacht von Anfang an Maßnahmen, um die Gleichberechtigung der Frau in der Praxis zu verwirklichen. Zu diesem Zweck hat die Sowjetmacht eine Reihe von Bedingungen geschaffen. Wenn wir zur Illustration das vorletzte Jahr vor dem Kriege, das Jahr 1939, heranziehen, so sehen wir folgendes:

Die Erholungsheime für Schwangere und die Erholungsheime für Mütter mit Säuglingen nahmen im Jahre 1939 72.000 Personen auf. Über 700.000 Kinder befanden sich in Kinderkrippen. Es gab 5.300 Frauen- und Kinderberatungsstellen (im zaristischen Russland waren es neun). Ungefähr 50 Millionen Mütter wurden von den Beratungsstellen des Säuglings- und Mutterschutzes erfasst. Über 5 Millionen Kinder besuchten die Kindergärten und Spielplätze. Über 1 Milliarde Rubel wurden als Beihilfe für kinderreiche Familien ausgezahlt. Über 800 Millionen Rubel wurden von der Sozialversicherung für Säuglingspflege, für Zusatznahrung für Säuglinge, für Schwangeren- und Geburtshilfe verausgabt. Außerdem wurden Hunderte Millionen Rubel allein von den Gewerkschaften für Sommer-Jugendlager, Kindersanatorien und die Betreuung der Kinder außerhalb der Schule bezahlt. Im Jahre 1939 gab es im Lande ungefähr 60.000 Speisehallen, Restaurants und andere Institutionen für gesellschaftliche Speisung.

Es ist nicht verwunderlich, dass die Frauen unter diesen Bedingungen in großem Umfang Zugang gefunden haben zur Produktion, zur Bildung, zum gesellschaftlichen Leben und zur Staatsverwaltung des Landes.

In der Großindustrie stellten die Frauen bis zum Kriege ungefähr 40 Prozent aller Arbeiter. In einigen Wirtschaftszweigen bilden die Frauen die gewaltige Mehrheit der Arbeiter; unter den Mitarbeitern der Institutionen für Volksbildung—mehr als die Hälfte, unter den Mitarbeitern des Gesundheitsschutzes—fast drei Viertel. Die Frauen bilden einen bedeutenden Prozentsatz der hochqualifizierten Arbeiter in solchen Berufen, die früher ausschließlich für »Männerberufe« gehalten wurden, wie zum Beispiel Dreher, Fräser, Maschinisten usw. In den Kollektivwirtschaften nehmen die Frauen eine völlig selbstständige Stellung ein und üben in der Tat die gleichen Rechte wie die Männer aus. Unter den Vorsitzenden der Kollektivwirtschaften, den Mitgliedern der Kollektivwirtschaftsverwaltungen, den Leitern von Tierzuchtfarmen und unter den Vorarbeitern gibt es nicht wenig Frauen. Zum Beispiel waren unter den Mitgliedern der Verwaltungen der Kollektivwirtschaften bis zum Krieg ungefähr 20 Prozent Frauen.

Im Staatsleben nehmen die Frauen eine angesehene Stellung ein. Im Obersten Sowjet der UdSSR gibt es 189 Frauen. Hunderte von Frauen sind zu Deputierten in die Obersten Sowjets der Unions- und autonomen Republiken, Zehntausende zu Deputierten in die örtlichen Sowjets gewählt worden.

Die Sowjetfrau hat durch die Tat bewiesen, welche gewaltige gesellschaftliche Kraft sie bildet, wenn sie gleichberechtigt ist und ihr, gleich den anderen Mitgliedern der Gesellschaft, der Weg ins gesellschaftliche Leben, zur schöpferischen Arbeit erschlossen ist.

Die Tage des Großen Vaterländischen Krieges haben das am anschaulichsten gezeigt. Millionen von Frauen lösten ihre zur Front gegangenen Männer und Brüder an der Werkbank ab. Energisch und selbstlos meistern sie die schwersten Männerberufe, die früher für Frauen unzugänglich schienen, und zeigen Wunder an Arbeitsheldentum, um die Front mit allem Nötigen zu versorgen.

Nicht nur im Hinterland, sondern auch an den Fronten des Vaterländischen Krieges standen die Frauen und Mädchen an Mut und Heldentum den Männern nicht nach. Die ganze Welt kennt die Namen der Heldinnen, der Mädchen Lisa Tschaikina , Soja Kosmodemjanskaja usw., die ihr Leben für die Freiheit des Vaterlandes mutig hingegeben haben. Zusammen mit den Männern gingen auch Frauen in die Partisanenabteilungen. Unter den Sowjetpartisanen konnte man Schulmädchen, Studentinnen, Weberinnen, Lehrerinnen, Kollektivbäuerinnen antreffen.

Die Sowjetfrau liebt aus ganzem Herzen ihr Vaterland, das ihr und ihren Kindern Gleichberechtigung, Freiheit und persönliches Glück gebracht hat. Die Sowjetfrau gibt für nichts in der Welt ihre großen Errungenschaften her, die ihr der sture und grausame Hitlerismus nehmen wollte.

6. Die Gleichberechtigung der Bürger— unabhängig von ihrer Nationalität und Rasse

Die von der Sowjetverfassung gewährten Rechte genießen alle Bürger der UdSSR ohne Unterschied. Artikel 123 der Verfassung lautet:

> »Die Gleichberechtigung der Bürger der UdSSR auf sämtlichen Gebieten des wirtschaftlichen, staatlichen, kulturellen, gesellschaftlichen und politischen Lebens, unabhängig von ihrer Nationalität und Rasse, ist unverbrüchliches Gesetz.
>
> Jede wie immer geartete direkte oder indirekte Beschränkung der Rechte oder, umgekehrt, eine Festlegung direkter oder indirekter Bevorzugung von Bürgern mit Rücksicht auf ihre Zugehörigkeit zu einer Rasse und Nationalität, ebenso wie jegliche Propagierung einer rassenmäßigen oder nationalen Exklusivität oder eines Rassen- und Nationalitätenhasses und der Missachtung einer Rasse oder einer Nationalität werden gesetzlich geahndet«.

Im zaristischen Russland haben die Regierung und die herrschenden Klassen russischer Nationalität alle anderen Völker des Reiches national furchtbar unterdrückt.

Die nichtrussischen Nationalitäten hatten keine politischen Rechte. Sie wurden ökonomisch erbarmungslos ausgebeutet, man gab ihnen keine Möglichkeit, ihre eigene Kultur zu entwickeln.

Um die Aufmerksamkeit der unterdrückten Völker von den Urhebern ihrer Unterdrückung abzulenken, hat die zaristische Regierung die einen Völker gegen die anderen gehetzt.

Welch tiefe Humanität und Gerechtigkeit atmet dagegen Artikel 123 der Stalinschen Verfassung, in dem geschrieben steht, dass selbst eine nur indirekte Beschränkung der Rechte oder eine Festlegung auch nur indirekter Bevorzugungen der Bürger mit Rücksicht auf ihre Nationalität und Rasse gesetzlich geahndet wird, dass jede Propagierung einer rassenmäßigen und nationalen Exklusivität oder selbst eine Missachtung der Bürger einer anderen Nationalität *gesetzlich geahndet* wird.

Im Lande der Sowjets ist das Leben der vielen Nationen und Nationalitäten aufgeblüht.

Der materielle Wohlstand dieser Völker hat eine Höhe ohnegleichen erreicht, ihr Kulturniveau hat sich gehoben. In allen Sowjetrepubliken sind eigene Hochschulen und wissenschaftliche Institutionen entstanden.

Ehemals rückständige Völker haben ihre eigene Intelligenz geschaffen. Auf allen Gebieten der Wissenschaft haben neben russischen Gelehrten eine ganze Reihe von Vertretern der verschiedensten Nationen Weltruf erworben. So zum Beispiel die Akademiemitglieder Orbeli und Dschawachischwili, der Chirurg Professor Zulukidse und andere.

Unter den besten Komponisten des Landes sind die Namen Chatschaturjan und Muradeli , unter den Malern der Name Sarjan weit bekannt.

Dank dem Aufblühen der Kultur in den nationalen Republiken und Gebieten erreichte die nationale Kunst in der UdSSR eine nie dagewesene Höhe. An der Entwicklung der nationalen Kunst ist das ganze Sowjetvolk interessiert. Die besten literarischen Werke der Völker werden in die russische und die anderen Sprachen der Völker der UdSSR übersetzt. Alljährlich werden in Moskau Dekaden der nationalen Kunst abgehalten, wo die verschiedensten Völker ihre

Theater, Opern, Balletts und ihre Volkskunst vorführen. Die Dekaden der nationalen Kunst sind zu einem allgemeinen Volksfest geworden.

Nicht nur, dass das gegenseitige Misstrauen, das zwischen den verschiedenen Völkern in Russland bestanden hat, verschwunden ist—an seine Stelle ist brüderliche Freundschaft und Zusammenarbeit getreten.

Artikel 123 der Verfassung fixiert eines der Fundamente des Sowjetstaates—die Gleichberechtigung und die Freundschaft der Völker der Sowjetunion. Dieser Artikel zeugt davon, dass die Sowjetvölker jeder nationalen und Rassenunterdrückung unversöhnlich feindlich gegenüberstehen.

7. Gewissensfreiheit

In Artikel 124 der Verfassung lesen wir:

> »Zum Zwecke der Gewährleistung der Gewissensfreiheit für die Bürger sind in der UdSSR die Kirche vom Staat und die Schule von der Kirche getrennt. Die Freiheit der Ausübung religiöser Kulthandlungen und die Freiheit antireligiöser Propaganda werden allen Bürgern zuerkannt«.

In Russland gab es viele Religionen: die rechtgläubige, die katholische, die protestantische, die mohammedanische, die jüdische, die buddhistische Religion und verschiedene heidnische Kulte. Von all diesen Religionen war die christliche, und von den Kirchen die Rechtgläubige, die »bevorrechtete und herrschende«. Die Rechtgläubige Kirche genoss den Schutz und die direkte materielle Unterstützung der Staatsgewalt. In allen staatlichen und privaten Schulen wurde die rechtgläubige Lehre als Pflichtfach unterrichtet.

Es gab spezielle staatliche Schulen für die Heranbildung der rechtgläubigen Geistlichkeit. Das von Lenin unterzeichnete Dekret über die Gewissensfreiheit wurde von der Sowjetmacht am 3. Februar 1918 erlassen. Es verbot, irgendwelche mit dem Bekenntnis der Bürger zu dieser oder jener Religion verbundenen Vorrechte festzulegen. Deshalb wurde die Trennung der Kirche vom Staat und der Schule von der Kirche durchgeführt. Die Führung der Personenregister wurde ausschließlich den Zivilbehörden übertragen. Die Gebäude und Gegenstände, die für die Ausübung der religiösen Kulthandlungen bestimmt waren, blieben im unentgeltlichen Gebrauch der Religionsgemeinschaften.

Die Trennung der Schule von der Kirche wurde von der Sowjetmacht im Interesse der Volksaufklärung vorgenommen. Die Interessen der Gewissensfreiheit forderten die Trennung der Kirche vom Staat. In der Tat: könnte denn von irgendeiner Gewissensfreiheit die Rede sein, wenn die eine Religion den anderen gegenüber eine Vorzugsstellung einnähme, wenn es ein Verbrechen wäre, nicht an Gott zu glauben, und man dafür nach dem Strafgesetz bestraft würde, wenn man mit Gewalt gezwungen würde, die religiösen Gebräuche zu befolgen?

Im Dekret vom 3. Februar 1918 ist klar und einfach gesagt, was unter Gewissensfreiheit zu verstehen ist: »Jeder Bürger kann sich zu jeder oder zu keiner Religion bekennen«.

Die Sowjetmacht verfolgt keine einzige Religion. Sie vereinigt um sich alle Werktätigen, unabhängig von nationalen, Rassen- und Glaubensunterschieden. Weder die Gläubigen noch die Vertreter der Geistlichkeit sind im Geringsten in ihren Rechten als Bürger der UdSSR beschränkt.

Die Sowjetmacht, die in der UdSSR die wirkliche Gewissensfreiheit eingeführt hat, genießt die Unterstützung der Gläubigen und der Geistlichkeit aller Religionen. Das wird auch von den Tatsachen bezeugt. An dem Tag, als das faschistische Deutschland die Sowjetunion überfiel, wandte sich das Oberhaupt der Rechtgläubigen Kirche, der Metropolit Sergius, mit einem Aufruf an die Gläubigen, in dem er sie aufforderte, die Sowjetmacht und die Rote Armee im Kriege gegen die deutschen faschistischen Eindringlinge zu unterstützen. Ebenso verhielt sich die Geistlichkeit der muselmanischen, jüdischen und der anderen Religionsgemeinschaften. Während der ganzen Zeit des Krieges führen die Religionsgemeinschaften Sammlungen von Geld und Sachen für die Rote Armee durch. Als in Verbindung mit den Siegen der Roten Armee das ganze Land von einer neuen patriotischen Welle erfasst wurde, spendeten die Religionsgemeinschaften und einzelne Vertreter der Geistlichkeit persönlich große Geldmittel für die Streitkräfte der Roten Armee, wie dieses aus ihren Telegrammen an das Haupt der Sowjetregierung und den Führer der Roten Armee J.W. Stalin ersichtlich ist.

8. Die politischen Rechte der Sowjetbürger

Die Verfassung der UdSSR gewährt den Bürgern politische Rechte und Freiheiten. Die Artikel 125–128 der Verfassung garantieren den Bürgern der UdSSR: Redefreiheit, Pressefreiheit, Versammlungsfreiheit, die Freiheit von Straßenumzügen und -kundgebungen, das Recht, sich in gesellschaftlichen Organisationen verschiedener Art zu vereinigen, die Unverletzlichkeit der Person, der Wohnung der Bürger und das Briefgeheimnis.

Gleichfalls gewährt die Verfassung der UdSSR den Bürgern auswärtiger Staaten, die wegen Verfechtung der Interessen der Werktätigen oder wegen wissenschaftlicher Betätigung oder nationalen Befreiungskampfes verfolgt werden, das Asylrecht. (Artikel 129 der Verfassung.)

Die politischen Rechte werden den Bürgern der

UdSSR nicht nur vom Gesetz garantiert, sondern auch in der Tat gewährleistet. Darüber besagt Artikel 125 der Verfassung:

> »Diese Rechte der Bürger werden dadurch gewährleistet, dass den Werktätigen und ihren Organisationen die Druckereien, Papiervorräte, öffentlichen Gebäude, Straßen, das Post- und Fernmeldewesen und andere materielle Bedingungen, die zu ihrer Ausübung notwendig sind, zur Verfügung gestellt werden«.

Eine der grundlegenden Besonderheiten der Sowjetdemokratie besteht nicht nur in der Fülle der politischen Rechte und Freiheiten, sondern auch darin, dass die Volksmassen die materiellen Bedingungen besitzen, die nötig sind zur praktischen Ausübung dieser Rechte und Freiheiten.

In der Sowjetunion ist Freiheit kein leeres Wort, keine Phrase, sondern Wirklichkeit. Die Arbeiter und Angestellten in der UdSSR sind in Gewerkschaften organisiert. Die Bauern sind in Kollektivwirtschaften vereinigt. Die gesellschaftlichen Organisationen aller Art—Gewerkschaften, genossenschaftliche Vereinigungen, die Kommunistische Partei, der Kommunistische Jugendverband, die Sport- und Wehrorganisationen, Kulturvereinigungen, technische und wissenschaftliche Gesellschaften—zählen Dutzende Millionen von Mitgliedern. Jede dieser Organisationen führt ihr freies und selbstständiges Dasein. Das Sowjetsystem bietet ihnen alle Möglichkeiten zu ihrer Entwicklung und zu ihrem Gedeihen und gibt ihnen alle Rechte, darunter das Recht, eigene Kandidaten für die Wahlen zu den höchsten Organen der Staatsgewalt der UdSSR aufzustellen. So frei, breit und pulsierend rollt das gesellschaftliche Leben in der Sowjetunion ab.

VI. Kapitel: DIE GRUNDPFLICHTEN DER BÜRGER DER SOWJETUNION

1. Die Pflicht, die Sowjetverfassung einzuhalten

Die Verfassung der UdSSR hat den Bürgern der Sowjetunion die größten Rechte der Welt gewährt. Gleichzeitig damit hat ihnen die Verfassung bestimmte Pflichten auferlegt.

Artikel 130 besagt, dass jeder Bürger der Sowjetunion verpflichtet ist, *die Verfassung der UdSSR einzuhalten und die übrigen Sowjetgesetze zu befolgen.*

Diese Forderung hat unter den Bedingungen des Sowjetstaates besonderen Sinn und Bedeutung.

In der Sowjetverfassung und den anderen Sowjetgesetzen wird genau und vollständig der wirkliche Wille des gesamten Volkes ausgedrückt, der in den Beschlüssen seines von allen Bürgern der UdSSR auf demokratischer Grundlage gewählten höchsten Organs fixiert ist. In der Sowjetdemokratie gibt es kein Auseinandergehen und noch weniger einen Gegensatz zwischen den Staatsinteressen und den Interessen des Volkes, und kann es auch nicht geben. Diese Interessen fallen zusammen. Sie sind eins und untrennbar.

Das ist das Fundament der Stärke und Unerschütterlichkeit der Sowjetverfassung, das ist das Unterpfand für die weitere erfolgreiche Entwicklung des Sowjetsystems.

2. Die Wahrung der Arbeitsdisziplin

Die Verfassung verpflichtet jeden Bürger der Sowjetunion, die *Arbeitsdisziplin* zu wahren (Artikel 130).

Uns sind aus der Geschichte verschiedene Formen der Organisation der Arbeit bekannt. In der Gesellschaft der Sklavenhalter und unter dem Feudalismus zum Beispiel wurde die Arbeitsdisziplin durch direkten physischen Zwang aufrechterhalten (Züchtigung mit der Knute, dem Stock, der Rute usw.). Das ist dieselbe Form der Organisation der Arbeit, zu der die deutschen Faschisten, diese Wiederhersteller des Systems der Sklaverei, die Gesellschaft zurückzuzerren bestrebt waren (Verschleppung der ausländischen Arbeiter, Zuchthaussystem, harte Prügelstrafen für das kleinste Vergehen usw.). In den Betrieben der übrigen Länder wird die Arbeitsdisziplin von den Arbeitgebern durch Drohung mit Entlassung und durch ein System von Strafen aufrechterhalten.

In der Sowjetgesellschaft arbeiten die Bürger nur für sich selbst, für die Gesellschaft, für ihren Staat. Die Organisation der Arbeit in der Sowjetdemokratie beruht vor allem und zum größten Teil auf der freien und bewussten Disziplin der Arbeitenden selbst.

Die Arbeit in der Sowjetdemokratie ist eine Sache der Ehre. In Artikel 12 der Sowjetverfassung heißt es:

> »Die Arbeit ist in der UdSSR Pflicht und Ehrensache jedes arbeitsfähigen Bürgers...«

Bürger, die sich durch ihre Arbeitserfolge hervorgetan haben—seien es nun Landwirte, Kohlenhauer, Melkerinnen, Viehhüter, Schuhmacher, Lehrer, Gelehrte, Ingenieure usw.—sind im Lande weit berühmt und werden mit Orden ausgezeichnet.

Solche Arbeitsverhältnisse in der Sowjetunion schufen den Boden für die Entwicklung des *sozialistischen Wettbewerbs* unter den Werktätigen. Einzelne Arbeiter der Sowjetbetriebe, ganze Abteilungen, Fabriken, Gebiet stehen miteinander im Arbeitswettbewerb. Besonders breiten Umfang hat der sozialistische Wettbewerb während des Vaterländischen Krieges gegen den deutschen Faschismus angenommen. Alle Industrie- und landwirtschaftlichen Betriebe des Landes sind von dem über die ganze Union verbreiteten sozialistischen Wettbewerb für die schnellste und beste Erfüllung der Produktionsaufträge der Sowjetregierung erfasst. In der Regel werden diese Aufträge erfolgreich erfüllt und übererfüllt. In jedem Betrieb gibt es Dutzende, Hunderte und Tausende fortgeschrittener Arbeiter, Stachanowleute,[3] die die Arbeitsnormen ums Doppelte, Dreifache und sogar ums Zehnfache übererfüllen. Tausende von Erfindungen, Entdeckungen, Rationalisierungsvorschlägen und wissenschaftlichen Arbeiten treffen aus dem ganzen Lande ein von Arbeitern, Technikern, Ingenieuren und Gelehrten und werden in der Praxis mit gewaltigem Erfolg angewandt. Jährlich werden die besten dieser Arbeiten mit dem Stalinpreis[4] prämiiert. Auf Grund des sozialistischen Wettbewerbs erhält das Land zusätzlich über den Plan hinaus eine gewaltige Menge von verschiedenen Erzeugnissen.

Das Sowjetprinzip der Entlohnung der Arbeit nach Menge und Qualität dient als Ansporn für die disziplinierte Ausführung der Arbeitsaufträge.

Nach den Sowjetarbeitsgesetzen werden in Staatsbetrieben und Institutionen die Arbeitsnormen und die Höhe des Arbeitslohns auf Grund[lage] einer Vereinbarung mit den

Gewerkschaften festgesetzt.

Die Arbeitsnormen und Lohntarife für die Kollektivwirtschaften werden von der allgemeinen Versammlung der Mitglieder der Kollektivwirtschaft festgesetzt. Die Satzungen der Kollektivwirtschaften verpflichten alle Kollektivbauern, strenge Arbeitsdisziplin zu wahren, die Arbeitsordnung zu befolgen und die von der Leitung oder vom Vorarbeiter angeordneten Arbeiten genau auszuführen.

Der Sowjetstaat, die Leiter der staatlichen und gesellschaftlichen Betriebe und Institutionen stützen sich vor allem und am meisten auf die bewusste Selbstdisziplin des Sowjetbürgers. Wenn nötig, ergreifen sie auch Zwangsmaßnahmen in Übereinstimmung mit den Sowjetgesetzen. Jedoch zeichnet sich in der Sowjetdemokratie der Zwang durch jene grundlegende Besonderheit aus, dass er von der durch die Werktätigen selbst errichteten Macht angewandt wird im Interesse der ganzen Gesellschaft und nur einem unbedeutenden Teil der Bürger gegenüber angewandt wird, deren Bewusstsein noch nicht von den Überresten der alten Gesellschaftsordnung frei ist.

3. Den gesellschaftlichen Pflichten ehrlich nachkommen

Die Verfassung der UdSSR verpflichtet jeden Sowjetbürger, *seinen gesellschaftlichen Pflichten ehrlich nachzukommen* (Artikel 130).

Die gesellschaftlichen Pflichten der Sowjetbürger fordern vor allem die ehrliche Befolgung der Sowjetgesetze. Die Gesetze der Sowjetdemokratie drücken das aus, was die Werktätigen selbst durch ihre besten, vom ganzen Volke gewählten Vertreter als im Interesse der ganzen Gesellschaft *notwendig* und *unerlässlich* erkannt haben. Die überwältigende

Mehrheit der Sowjetbürger weiß und versteht, warum dieses oder jenes Gesetz erlassen wurde, warum es nötig ist, und die Forderung des Gesetzes ist für sie ein Gebot der gesellschaftlichen Pflicht, die sie nicht aus Furcht vor Strafe, sondern freiwillig, aus dem Verständnis heraus befolgen, dass diese Forderungen für die Gesellschaft notwendig sind.

Die bewusstesten Sowjetbürger fassen die gesellschaftliche Pflicht breiter auf denn als direkte Forderungen des Gesetzes. Unter gesellschaftlicher Pflicht verstehen sie all das, was für die Festigung und Entwicklung der Sowjetgesellschaft, des Sowjetstaates nützlich und notwendig ist.

Die gesellschaftliche Pflicht, wie sie die Bürger der Sowjetunion auffassen, fordert selbstlosen Kampf gegen all das, was für die Sowjetgesellschaft, den Sowjetstaat schädlich ist, was sein Gedeihen hindert und seine weitere Entwicklung aufhält.

Die bewusstesten Sowjetbürger opfern ohne Bedenken ihre Privatinteressen und selbst ihr Leben für das Wohl der Sowjetgesellschaft und des Sowjetvaterlandes.

4. Die Regeln des sozialistischen Gemeinschaftslebens achten

Die Sowjetverfassung verpflichtet alle Bürger, *die Regeln des sozialistischen Gemeinschaftslebens zu achten* (Artikel 130).

In jeder Gesellschaft gibt es Regeln für das Gemeinschaftsleben. In Gesellschaften, die aus feindlichen Klassen bestehen, werden die praktischen Regeln des Gemeinschaftslebens krass ausgedrückt in solchen Redensarten wie:

»Die Menschen sind zueinander wie die Wölfe«; »Jeder für sich und Gott für uns alle«; »Jeder ist sich selbst der Nächste« usw.

In der Sowjetgesellschaft, die aus keinen feindlichen

Klassen besteht, haben sich ganz andere Regeln des Gemeinschaftslebens herausgebildet. Und das ist so, weil durch die kollektive Arbeit in gesellschaftlichen, sozialistischen Betrieben eine neue Moral, neue Regeln des Gemeinschaftslebens ins Bewusstsein, in die Gewohnheiten, in das Alltagsleben der Massen eingegangen sind.

Die Sowjetgesellschaft fordert von jedem ihrer Mitglieder die Unterordnung der Privatinteressen unter die gesellschaftlichen, ein freundschaftliches Verhältnis zu den Vertretern anderer Nationen und Rassen, ein kameradschaftliches Verhalten zur Frau als einem ebenbürtigen Mitglied der Gesellschaft, umsichtige Sorge für Kinder und Greise, Achtung der Menschenwürde eines jeden usw.

5. Das gesellschaftliche Eigentum hüten und festigen

Die Verfassung der UdSSR verpflichtet jeden Bürger der Sowjetunion, *das gesellschaftliche, sozialistische Eigentum zu hüten und zu festigen* (Artikel 131).

Die Verfassung hat alle jene zu Feinden des Volkes erklärt, die sich am gesellschaftlichen Eigentum vergehen.

Am Schutz, an der Festigung und Entwicklung des gesellschaftlichen Eigentums sind alle Bürger der UdSSR interessiert.

Dank der Festigung des gesellschaftlichen Eigentums ist in der UdSSR die Ausbeutung des Menschen durch den Menschen für immer beseitigt.

Auf der Basis des gesellschaftlichen Eigentums sind in der UdSSR gewaltige Industriebetriebe, Sowjetwirtschaften, Maschinen- und Traktorenstationen, Hunderttausende blühender Kollektivwirtschaften entstanden. Auf dieser Grundlage entstand und wächst der Reichtum, die Macht und die militärische Stärke der Sowjetunion. Es ist die Quelle für das wohlhabende und kulturelle Leben aller Bürger der UdSSR.

Deshalb eben hat die Sowjetverfassung das gesellschaftliche, sozialistische Eigentum zur *heiligen und unantastbaren Grundlage des Sowjetsystems erklärt.*

Die heranwachsende Generation in der UdSSR wird im Bewusstsein der großen Bedeutung des gesellschaftlichen sozialistischen Eigentums als Grundlage des gesamten Systems des ganzen Lebens des Sowjetlandes erzogen.

Der Artikel 131 der Verfassung und die Sowjetgesetze über den Schutz des gesellschaftlichen Eigentums haben eine besonders große Bedeutung unter den Bedingungen des Vaterländischen Krieges gegen das faschistische Deutschland erlangt, wo feindliche Agenten und Diversanten mit allen Kräften versuchen, die Sowjetwirtschaftsbetriebe, die Verkehrs- und Verbindungsmittel zu vernichten, um die militärische Macht der Sowjetunion zu untergraben. Zahllose Tatsachen zeigen, wie die Sowjetbürger das gesellschaftliche Eigentum vor feindlichen Anschlägen selbstlos schützen und verteidigen, ohne ihre Kräfte und ihr Leben zu schonen.

Das gesellschaftliche Eigentum hüten und festigen bedeutet nicht nur, es vor Dieben, feindlichen Diversanten, vor Beschädigung und Vernichtung zu schützen. Es bedeutet auch, die staatliche und genossenschaftliche kollektive Wirtschaft ökonomisch zu führen, die Verwendung des gesellschaftlichen Eigentums und die Verteilung der gesellschaftlichen Verbrauchsgüter genau zu kontrollieren und darüber Buch zu führen, die Betriebseinrichtungen und das Material richtig auszunutzen, bei der Produktion Reinlichkeit und Ordnung zu halten, für hohe Produktionsqualität zu kämpfen und sparsam mit jeder Kopeke des Volkes umzugehen. Es bedeutet, die staatliche und Arbeitsdisziplin zu wahren, die Produktivität der Arbeit in gesellschaftlichen Betrieben unermüdlich zu heben und die gesellschaftliche Wirtschaft zu verbreitern und zu vergrößern.

6. Die Ehrenpflicht der Sowjetbürger

Artikel 132 der Verfassung lautet:

> »Die allgemeine Wehrpflicht ist Gesetz.
>
> Der Militärdienst in der Roten Arbeiter- und Bauernarmee ist Ehrenpflicht der Bürger der UdSSR«.

Im zaristischen Russland war der Dienst in der Armee eine *schwere Bürde* für das Volk. Doch im Sowjetlande ist der Dienst in der Roten Armee eine *Ehrenpflicht* der Bürger der UdSSR.

Das Dekret über die Organisierung der Roten Armee wurde von Lenin am 28. Januar 1918 unterzeichnet. Die Richtigkeit und Notwendigkeit dieser Maßnahme wurde von der ganzen Geschichte des Bürgerkrieges im Sowjetland von 1918 bis 1920 vollständig bestätigt. Ohne die Rote Armee wäre die junge Sowjetmacht von den Kräften der Konterrevolution und der ausländischen Intervention erdrosselt worden.

Unter der Führung Lenins , Stalins und ihrer Mitstreiter—Frunse, Woroschilow, Budjonny und anderer—legte die Rote Armee den ruhmreichen Weg des heldenhaften Kampfes gegen die Feinde der Sowjetmacht zurück. J.W. Stalin leitete unmittelbar die Kampfoperationen der Roten Armee an allen wichtigsten Fronten, er war der geniale Organisator der Siege der Roten Armee über alle Feinde des Sowjetstaates.

Nach Beendigung des Bürgerkrieges hat die Sowjetregierung in ihren Plänen für den gewaltigen Umbau des

Landes der Verstärkung der Streitkräfte der Sowjetunion einen besonders wichtigen Platz eingeräumt. Unter der persönlichen Leitung J.W. Stalins wurde die Rote Armee reorganisiert, mit den modernsten, in Sowjetbetrieben produzierten Waffen und technischen Kampfmitteln ausgerüstet, in der Kunst ausgebildet, diese Kampfmittel zu handhaben; es wurde eine mächtige Luftflotte und Kriegsmarine geschaffen; es wurden Kader von Kommandeuren für die Rote Armee ausgebildet, die die moderne, von J.W. Stalin ausgearbeitete Kriegswissenschaft beherrschen.

Die Leiter der Sowjetunion, die unentwegt eine Politik des Friedens betrieben und sachliche Beziehungen zu allen auswärtigen Staaten unterhielten, sahen die Unvermeidlichkeit eines Überfalls der aggressiven imperialistischen Mächte auf die Sowjetunion voraus. Die Richtigkeit und Notwendigkeit dieser Maßnahmen wurde durch den Gang der Ereignisse bestätigt—durch den räuberischen Überfall der deutschen Faschisten auf die Sowjetunion und durch den Zusammenbruch der faschistischen Eroberungspläne, die von der Roten Armee zum Scheitern gebracht wurden.

Die Armee der Sowjetdemokratie ist eine Armee der befreiten Arbeiter und Bauern, die die Freiheit und Unabhängigkeit ihres Landes verteidigen.

Die Rote Armee ist eine Armee der Freundschaft zwischen den Völkern der Sowjetunion, die die Freiheit und Unabhängigkeit jeder Sowjetrepublik verteidigt. Sie, sagt J.W. Stalin, ist eine Armee der Verteidigung des Friedens und der Freundschaft zwischen den Völkern aller Länder. Sie wurde nicht für die Eroberung fremder Länder geschaffen, sondern für die Verteidigung der Grenzen des Sowjetlandes.

Doch als die fremdländischen Landräuber die Sowjetunion überfielen, wurde die Rote Armee zu einer Armee grimmiger Kämpfer gegen die deutschen faschistischen Räuber, zu einer Armee von Rächern der Vergewaltigungen und

Erniedrigungen, die die Hitlerbanditen den Sowjetbürgern in den von ihnen vorübergehend besetzten Gebieten zugefügt haben.

Die Rote Armee führte einen gerechten Befreiungskrieg, indem sie ein hehres und edles Ziel verfolgte: die Befreiung ihres Landes von den deutschen faschistischen Eindringlingen. Dieses hehre Ziel begeisterte die Kämpfer der Roten Armee zu ruhmreichen Handlungen und zu Heldentaten.

Die Kraft der Roten Armee besteht darin, dass sie die rückhaltlose Unterstützung des Sowjethinterlandes, die Liebe und Fürsorge der Volksmassen der Sowjetunion genießt. In dieser Unterstützung durch das Hinterland besteht die unversiegbare Quelle nicht nur der materiellen Macht, sondern auch der moralischen Stärke der Roten Armee.

Die Stärke der Roten Armee besteht darin, dass sie im Geiste der Gleichberechtigung aller Völker und im Geiste der Achtung vor den Rechten der anderen Völker erzogen ist.

Diese Besonderheiten der Roten Armee verschaffen ihr die Sympathie aller freiheitsliebenden Völker. Dank diesen Besonderheiten ist die moralische Verfassung und der kämpferische Geist der Roten Armee so außerordentlich hoch.

Das Unterpfand für den Sieg der Roten Armee bildeten: die Bereitschaft des Sowjetvolkes, bis zum endgültigen Sieg über den Feind zu kämpfen, der Heroismus der Soldaten und Offiziere der Roten Armee und die geniale Führung in diesem Kampfe durch J.W. Stalin.

7. Die Verteidigung des Vaterlandes ist heilige Pflicht aller Sowjetbürger

Artikel 133 der Verfassung verkündet:

»Die Verteidigung des Vaterlandes ist heilige Pflicht eines jeden Bürgers der UdSSR«.

Vaterlandsverrat erklärt die Sowjetverfassung zur *schwersten Freveltat,* die vom Gesetz mit aller strenge geahndet wird.

Der tiefe Sinn und die Bedeutung dieses Artikels der Sowjetverfassung hat sich in den Tagen des Vaterländischen Krieges gegen den deutschen Faschismus offenbart.

Bei Kriegsbeginn hielt der Führer der Sowjetunion J.W. Stalin eine Rundfunkrede, in der er ein ganzes Aktionsprogramm zur Verteidigung des Sowjetvaterlandes durch jeden Bürger, durch jede Bürgerin entwickelte. Er rief die Sowjetvölker auf, sich zu erheben, um ihre Rechte, um ihren Grund und Boden zu verteidigen und ihre heilige Pflicht zu erfüllen. Nicht nur die Angehörigen der Roten Armee und der Roten Flotte, sagte J.W. Stalin, sondern auch *alle Bürger der Sowjetunion müssen jeden Fußbreit der Sowjeterde verteidigen, sie müssen um jede Sowjetstadt und jedes Dorf bis zum letzten Tropfen Blutes kämpfen* (vgl. Stalin, 1941/1979, S. 240).

Der patriotische Appell Stalins fand im Ganzen Lande bei allen Völkern der Sowjetunion einen mächtigen Widerhall.

Die ganze Welt weiß, mit welch rückhaltloser Kühnheit, mit welchem Heldentum und welcher Selbstaufopferung die Krieger der Roten Armee gegen die deutschen faschistischen Eroberer kämpften.

Die Sowjetbürger scheuen weder Mittel noch Kräfte und schonen selbst ihr Leben nicht bei der Verteidigung ihres Vaterlandes.

Jeder Sowjetmensch—Russe, Ukrainer, Belarusse, Kasache und Angehöriger aller anderen Völker des Sowjetlandes—besitzt eine Heimat, wo er geboren wurde und wo er aufwuchs. Und mit diesem Heimatland sind vor allem seine

Gefühle und Gedanken verbunden, die ihn zum aufopferungsvollen Kampf gegen die fremdländischen Eindringlinge treiben. In dieser heißen Liebe der Sowjetkämpfer zu ihrem Heimatland, zu ihrem Heimatvolk liegt die mächtige, unversiegbare Quelle des Sowjetpatriotismus.

Doch besitzt der Sowjetmensch nicht nur ein Heimatland, er hat auch einen Heimatstaat, sein Sowjetvaterland, in dem alle Sowjetländer vereinigt sind, das allen Sowjetbürgern die wirkliche Freiheit und ein glückliches Kulturleben gesichert hat. In diesem Vaterlande erhielten die werktätigen Bauern unentgeltlich zu ihren 134 Millionen Hektar noch zusätzlich über 232 Millionen Hektar Boden, der früher der Zarenfamilie, den Gutsbesitzern und anderen Großgrundbesitzern gehört hatte. In diesem Vaterland haben die Bauern über 240.000 höchst gewinnbringende Großwirtschaften im kollektiven Besitz, die von Raupenschleppern, Mähdreschern und anderen erstklassigen Maschinen bedient werden. In diesem Vaterland hat die Sowjetmacht eine mächtige Industrie geschaffen, die den ersten Platz in Europa einnimmt und zwölfmal mehr erzeugt als die Industrie des alten Russlands. Und Volleigentümer aller dieser Reichtümer ist das Volk—die Arbeiter, Bauern und die Intellektuellen—das nach der Stalinschen Verfassung die größten Rechte der Welt genießt. Deshalb sind die Sowjetbürger ihrem Sowjetvaterland rückhaltlos ergeben, und in dieser rückhaltlosen Ergebenheit liegt die andere mächtige, unversiegbare Quelle des Sowjetpatriotismus.

Die Sowjetmenschen, seien es nun Arbeiter, Bauern oder Intellektuelle, sind eins in ihren Interessen, Bestrebungen, Gedanken und Gefühlen. Die gesellschaftlichen Bande der Sowjetmenschen sind fest- und allumfassend wie in keinem anderen Lande, wo die Gesellschaft aus feindlichen Klassen besteht. Die Sowjetgesellschaft ist durch ihre innere moralische und politische Einheit festgefügt wie ein Granitfels. Und in dem lebendigen Gefühl dieser inneren Einheit, die alle Schichten der Sowjetgesellschaft, alle Völker der Sowjetunion verbindet, liegt die dritte gewaltige, unversiegbare Quelle des Sowjetpatriotismus.

Die hehren, edlen Ziele des Vaterländischen Krieges begeisterten die Sowjetbürger zu Heldentaten und zu selbstloser Arbeit. Die tiefe Überzeugung von der Gerechtigkeit ihrer Sache verlässt nie, nicht einmal in den schwersten Momenten, die Sowjetkämpfer, die Sowjetbürger. Die hehren Ziele des Krieges, die tiefe Gewissheit des Triumphes der gerechten Sache—das war die vierte mächtige, unversiegbare Quelle des Sowjetpatriotismus.

Die Sowjetpatrioten sind frei von jedem niedrigen Gefühl eines nationalen oder Rassenhasses. Die Sowjetbürger hassen mit allen Fasern ihres Herzens die in ihr Land eingedrungenen Faschisten. Doch hassen die Sowjetbürger sie nicht deshalb, weil sie Deutsche sind, sondern deshalb, weil sie die Sowjeterde raubten, das Sowjetvolk plünderten und bestialische Gewalttaten an Sowjetbürgern verübten. Groß ist der Hass der Sowjetmenschen gegen die Feinde des Sowjetvaterlandes, die faschistischen deutschen Eroberer, die die Sowjetvölker versklaven wollten. Und in diesem heiligen Hass gegen die niederträchtigen Feinde der Sowjetunion und der ganzen Menschheit lag während des Krieges die fünfte mächtige Quelle des Sowjetpatriotismus.

Die freie Sowjetdemokratie war allein durch die Tatsache ihres Bestehens eine drohende Anklage gegen das faschistische Gewaltregime gewesen, sie war ein Bollwerk aller demokratischen Länder in ihrem Kampf gegen Hitlerdeutschland und die anderen aggressiven Mächte, sie ist das Unterpfand des Sieges über die Tyrannei geworden.

Nach: Karpinski (1946).

ANHANG

Redaktion der Großen Sowjetenzyklopädie: ALLGEMEINE INFORMATIONEN

Die Union der Sozialistischen Sowjetrepubliken nimmt den größeren Teil Europas sowie den nördlichen und mittleren Teil Asiens ein. Der nördlichste Punkt der Sowjetunion auf dem asiatischen Festland—Kap Tscheljuskin—liegt unter 77°43′ n.Br. Der nördlichste Punkt der UdSSR überhaupt ist die Rudolf-Insel in der Gruppe der Franz-Joseph-Inseln unter 81°51′ n.Br. Der südlichste Punkt der UdSSR liegt südlich der Stadt Kuschka[1] unter 35°08′ n.Br. Vom Westen nach Osten erstreckt sich das Territorium der UdSSR von der Gdansker Bucht, 19°38′ ö.L., bis zum Kap Deschnjow an der Beringstraße, 169°40′ w.L. Der äußerste östliche Punkt der UdSSR liegt auf einer der Diomedes-Inseln in der Beringstraße unter 169°02′ w.L. Die kürzeste Entfernung beträgt von Westen nach Osten mehr als 9.000 km und von Norden nach Süden mehr als 4500 km. Das Territorium der UdSSR ist in den Breiten des Erdballs (40–70° n.Br.) gelegen, in denen das Festland im Vergleich zum Meere überwiegt. Es stellt ein geschlossenes Massiv dar und hat, was seine Geschlossenheit anbetrifft, in der Welt nicht seinesgleichen. Der Festlandteil bedeckt mit den Bin-

1 **Die Red.:** Seit 1999 »Serhetabat«.

nengewässern (Flüssen und Seen) 21,80 Mill. km^2, die Inseln 0,31 Mill. km^2 und die Randmeere (Asowsches Meer, Weißes Meer u.a.) 0,18 Mill. km^2.

Das Territorium der UdSSR nimmt eine Fläche von rund 22,3 Mill. km^2 ein. Der Europäische Teil umfasst 5,1 Mill. km^2 und der Asiatische Teil 17,2 Mill. km^2. Die Hauptstadt ist Moskau.

Die Union der Sozialistischen Sowjetrepubliken ist ein Staat, der durch den freiwilligen Zusammenschluss gleichberechtigter sozialistischer Republiken entstanden ist. Nach dem Siege der Großen Sozialistischen Oktoberrevolution wurde auf dem Territorium des ehemaligen Russischen Reiches eine Reihe sozialistischer Sowjetrepubliken errichtet, die sich am 30. Dezember 1922 zu einem einheitlichen Staat—der Union der Sozialistischen Sowjetrepubliken—zusammenschlossen. Dieser gehörten an: die Russische Sozialistische Föderative Sowjetrepublik (RSFSR), die Ukrainische SSR, die Belorussische SSR und die Transkaukasische Föderation (TSFSR); die letztgenannte setzte sich aus drei Republiken—der Aserbaidschanischen, der Armenischen und der Grusinischen Republik—zusammen. Am 5. Dezember 1936 wurde die TSFSR aufgelöst, und die Transkaukasischen Republiken traten unmittelbar in die UdSSR ein. Am 27. Oktober 1924 wurden auf dem Territorium der Turkestanischen ASSR, die der RSFSR angehörte, zwei neue Unionsrepubliken—die Usbekische und die Turkmenische—errichtet. Am 5. Dezember 1929 wurde die Tadschikische Autonome Republik, die bis dahin dem Verbande der Usbekischen SSR angehörte, in eine Unionsrepublik umgewandelt. Am 5. Dezember 1936 wurden die Kasachische ASSR und die Kirgisische ASSR, die bis dahin dem Verbande der RSFSR angehört hatten, in Unionsrepubliken umgewandelt. Am 1. November 1939 gab die V. Außerordentliche Tagung des Obersten Sowjets der UdSSR dem Antrag der Volksversammlung der West-Ukraine um Aufnahme in den Verband der UdSSR und Vereinigung mit der Ukrainischen SSR statt. Am 2. November 1939 entsprach die Tagung dem Antrag der Volksversammlung Westbelarus um Aufnahme in den Verband der UdSSR und Vereinigung mit der Belorussischen SSR. Am 12. März 1940 wurde zwischen der UdSSR und Finnland in Durchführung des Friedensvertrages die sowjetisch-finnische Grenze neu festgelegt. Die Karelische Landenge (mit der Stadt Wyborg), das West- und das Nordufer des Ladogasees, eine Reihe von Inseln im Finnischen Golf, ein Gebiet im Nordosten östlich von Merkjärvi und Teile der Halbinseln der Barents-See—der Fischer- und der Mittleren Halbinsel—wurden in den Verband der UdSSR übernommen. Ein Teil dieses Territoriums wurde später der Karelo-Finnischen SSR angeschlossen. Diese wurde am 31. März 1940 aus der Karelischen ASSR gebildet, die bis dahin dem Verbände der RSFSR angehört hatte. Der andere Teil ging in den Verband des Gebietes Leningrad der RSFSR ein. Gemäß den Bestimmungen des Waffenstillstandsvertrages gab Finnland am 19. September 1944 das Gebiet von Petschenga (Petsamo), das vom Sowjetstaat in den Friedensverträgen von 1920 und 1940 freiwillig abgetreten worden war, an die Sowjetunion zurück. Das Petsamo-Gebiet (heute Bezirk Petschenga) ging in den Verband des Gebietes Murmansk der RSFSR ein. Am 28. Juni 1940 wurde Bessarabien, in dessen Besitz sich Rumänien im Jahre 1918 gesetzt hatte, durch einen Vertrag zwischen der UdSSR und Rumänien an die Sowjetunion zurückgegeben. Nach dem gleichen Vertrag kam auch die Nord-Bukowina an die UdSSR zurück. Ein Teil Bessarabiens ging später in den Verband der Moldauischen SSR ein. Diese hatte bis zum 2. August 1940 als Moldauische ASSR dem Verband der Ukrainischen SSR angehört. Der übrige Teil Bessarabiens und die Nord-Bukowina gingen in den Verband der Ukrainischen SSR ein. Am 3. August 1940 gab der Oberste Sowjet der UdSSR dem Ansuchen der Litauischen SSR um Aufnahme in den Verband der UdSSR statt. Am 5. August wurde dem gleichen Ansuchen der Lettischen SSR und am 6. August dem der Estnischen SSR entsprochen. Am 13. Oktober 1944 wurde die Tuwinische Volksrepublik (heute das Tuwinische Autonome Gebiet der RSFSR) in den Verband der UdSSR aufgenommen. Am 29. Juni 1945 schloss sich die Transkarpaten-Ukraine (heute das Transkarpaten-Gebiet der Ukrainischen SSR) auf Grund eines Vertrages zwischen der UdSSR und der Tschechoslowakei der Sowjetunion an.

I. Lewin: STAATSORDNUNG

Die Staatsordnung der UdSSR—eines Staates historisch höheren Typus—basiert auf den Prinzipien einer konsequenten sozialistischen Demokratie. Diese Prinzipien sind: 1.) volle Souveränität des gesamten sowjetischen Volkes, wie sie im System der Sowjets als der Form der staatlichen Organisation der Gesellschaft ihren Ausdruck gefunden hat; 2.) Gleichheit, Unabhängigkeit und Brüderlichkeit der Völker, verkörpert im Aufbau des sowjetischen Nationalitätenstaates als Union; 3.) Freiheit der Bürger als Mitglieder der sozialistischen Gesellschaft, und zwar im Rahmen ihrer verfassungsmäßigen und durch die sozialistische Ordnung des Sowjetstaates garantierten Rechte und Pflichten.

Die reale Grundlage der sowjetischen Demokratie sind das sozialistische Wirtschaftssystem und die sozialistischen Produktionsverhältnisse. Diese werden hauptsächlich durch folgende Merkmale gekennzeichnet: das gesellschaftliche Eigentum an den Produktionsmitteln und -Instrumenten in der Form des staatlichen, dem gesamten Volk gehörenden Eigentums oder in der Form des genossenschaftlich-kollektivwirtschaftlichen Eigentums, die Planung der Volkswirtschaft im Interesse des gesamten Sowjetvolkes und des Sowjetstaates und die Verwirklichung des sozialistischen Prinzips:

»Jeder nach seinen Fähigkeiten, jedem nach seiner Leistung«.

Der Sieg der sozialistischen Revolution und die Errichtung einer sozialistischen Gesellschaftsordnung hatten zur Folge, dass das Eigentum an den Produktionsmitteln und -Instrumenten, als die materielle Basis der gesellschaftlichen und politischen Verhältnisse einer jeden Gesellschaftsordnung, in die Hände der Werktätigen überging. Dadurch wurden zum ersten Male in der Geschichte die für eine wirkliche Souveränität des Volkes erforderlichen Voraussetzungen geschaffen, eine Souveränität, die vom Sowjetvolk durch die Sowjets ausgeübt wird. Von einer Souveränität des Volkes kann in kapitalistischen Staaten, in denen eine verschwindende Minderheit, und zwar die kapitalistischen Monopole, die Schlüsselstellungen in der Wirtschaft besetzt hält und ein erheblicher Teil des nur formal souveränen Volkes aus den Massen wirtschaftlich abhängiger Proletarier und Halbproletarier besteht, nicht die Rede sein.

Das sozialistische Wirtschaftssystem, das die Beseitigung der Ausbeuterklassen und die Vernichtung der Ausbeutung als der Hauptursache nationaler Zwietracht und Uneinigkeit gewährleistete, schuf die Voraussetzungen für die Lösung der nationalen Frage und des Problems der freiwilligen Zusammenarbeit der Völker innerhalb eines Staates, und zwar auf der Grundlage der Gleichberechtigung und der Souveränität. Auf dieser Grundlage entwickelten sich und erstarkten die sowjetischen Unionsrepubliken, die Autonomen Republiken und die Autonomen Gebiete, erstarkte der auf der unverbrüchlichen Stalinschen Völkerfreundschaft gegründete sowjetische Nationalitätenstaat. »[D]ie sowjetische Staatsordnung [hat sich] als Vorbild eines Nationalitätenstaates erwiesen« (Stalin, 1946/1979, S.42).

Das sozialistische Wirtschaftssystem schuf die Voraussetzungen für die wahre Freiheit der Person und für die Gleichheit der Bürger, indem es den Menschen nicht nur die Furcht vor dem Morgen nahm und sie von drohender Arbeitslosigkeit und von jeder Art wirtschaftlicher Abhängigkeit befreite, sondern den Bürgern auch die für die uneingeschränkte Ausübung ihrer Rechte erforderlichen materiellen Mittel gab.

Die juristische Grundlage der staatlichen Ordnung ist die Verfassung der UdSSR vom 5. Dezember 1936, die nach dem Namen ihres Schöpfers und geistigen Urhebers die Bezeichnung Stalinsche Verfassung erhielt. In ihr sind die Hauptprinzipien der sowjetischen Gesellschafts- und Staatsordnung niedergelegt. Sie bezeugen den Sieg des Sozialismus und die Verwirklichung einer folgerichtig aufgebauten sozialistischen Demokratie. Von den ersten Tagen seines Bestehens an wurde der Sowjetstaat im Geiste wahrhafter Demokratie für die Werktätigen, d.h. für die erdrückende Mehrheit des Volkes, aufgebaut. Die Verfassungsentwicklung des Sowjetstaates—von der Verfassung der RSFSR vom Jahre 1918 bis zur Verfassung der UdSSR vom Jahre 1936—spiegelt den Wechsel der Phasen und Formen in der Entwicklung des sozialistischen Staates wider (siehe Rasgon, 1950/1952). Ihr Merkmal ist die ständig wachsende Demokratie der sowjetischen Staatsordnung. Die Stalinsche Verfassung fixierte die Umwandlung des Sowjetstaates aus einer Demokratie für die gewaltige Mehrheit des Volkes in eine »Demokratie für alle« (Stalin, 1936/1979, S.78).

Kennzeichen dafür, dass der Sowjetstaat in seiner zweiten Entwicklungsphase den Übergang zu einer noch höheren Stufe der Demokratie vollzog, sind die Änderungen, zu welchen die Stalinsche Verfassung im Wahlsystem, in der Struktur der obersten Organe der Staatsgewalt und im System der bürgerlichen Grundrechte geführt hat.

Die Sowjets als die politische Grundlage der UdSSR

Die politische Grundlage des Sowjetstaates sind die Sowjets der Werktätigen-Deputierten. Sie sind es, welche die Form des Sowjetstaates als einer Sowjetrepublik—zum Unterschied von allen anderen Staatsformen, insbesondere von der parlamentarischen Republik—bestimmen.

Alle Macht in der UdSSR gehört den Werktätigen in Stadt und Land in Gestalt der Sowjets der Deputierten der Werktätigen, die von den letzteren gewählt und kontrolliert werden. Die Sowjets sind die mit unbeschränkter Vollmacht ausgestatteten Massenorgane des gesamten Volkes. Als Machtorgane des gesamten Volkes verkörpern sie die staatliche Führung der Gesellschaft (Diktatur) seitens der Arbeiterklasse, der fortgeschrittensten Gesellschaftsklasse, die an der Spitze des Sowjetvolkes auf seinem Wege zum Kommunismus steht; zugleich verkörpern sie das Bündnis der befreundeten Klassen—der Arbeiter und Bauern—und die führende Rolle der Kommunistischen Partei als der Avantgarde der Arbeiterklasse und aller Werktätigen.

Die Kommunistische Partei ist die »grundlegende führende Kraft im System der Diktatur des Proletariats« (Stalin, 1926/1952, S.32); sie lenkt die Tätigkeit sämtlicher gesellschaftlichen und staatlichen Organisationen.—Die führende Rolle der Partei bietet die Gewähr dafür, dass die Arbeit der Sowjets ihren Inhalt und ihre Richtung erhält. Die Kommunistische Partei ist die regierende Partei, was jedoch nicht bedeutet, dass sie die Sowjets ersetzen soll. Sie leitet den Staat durch ihre Mitglieder in den Sowjets der Werktätigen-Deputierten und wird hierbei vom grenzenlosen Vertrauen des Volkes getragen [(siehe Kosmin, 1950/1952)]. Die Sowjets üben die Macht des Volkes sowohl im örtlichen Maßstab (örtliche

Sowjets der Werktätigen-Deputierten) als auch im Maßstab der Unions- und der Autonomen Sowjetrepubliken (Oberste Sowjets der Unions- und der Autonomen Republiken) und im Gesamtunionsmaßstab (Oberster Sowjet der UdSSR) aus. Alle Sowjets, einschließlich des Obersten Sowjets der UdSSR, werden unmittelbar vom Volk gewählt und kontrolliert. Das Verhältnis zwischen den zentralen und den örtlichen Stellen regelt sich nach den Grundsätzen des demokratischen Zentralismus, wodurch die Einheitlichkeit der Führung und eine weitgehende operative Initiative und Selbständigkeit der örtlichen Stellen verbunden werden.

Die souveränen Machtorgane sind die Obersten Sowjets der Unionsrepubliken als souveräner Sowjetstaaten und der Oberste Sowjet der UdSSR als Träger der Souveränität des Sowjetstaates und des Sowjetvolkes in seiner Gesamtheit.

Die sowjetische Form des Staates in seiner zweiten Entwicklungsphase, die in der Stalinschen Verfassung fixiert ist, kennzeichnen folgende Merkmale:

a.) Der repräsentative Charakter der Sowjets als der vom gesamten Volk auf Grundlage des umfassendsten Wahlrechts—des demokratischsten Wahlrechts der Welt—gewählten Organe des Volkes im wahrsten Sinne des Wortes.

b.) Die uneingeschränkte Macht der Sowjets. Sie findet ihren Ausdruck nicht nur im Umfang ihrer Zuständigkeiten, sondern auch darin, dass alle Verwaltungsorgane, sowohl die zentralen als auch die örtlichen, vom Obersten Sowjet der Union, von den Obersten Sowjets der Unions- und der Autonomen Republiken sowie von den örtlichen Sowjets bestimmt und überwacht werden. Im Sowjetstaat gibt es keine Staatsorgane, die von den gewählten Sowjets unabhängig, ihnen nicht verantwortlich und zu einer abweichenden Willensbildung fähig wären.

c.) Die Kontrolle der Deputierten der Sowjets aller Stufen durch das Volk. Sie äußert sich darin, dass dem Volk das Recht zusteht, die Deputierten vorzeitig abzuberufen, und dass die Deputierten den Wählern gegenüber verantwortlich sind.

d.) Die unmittelbare Verbindung zwischen Sowjets und Volk. Sie wird durch die unmittelbare Teilnahme des Volkes, insbesondere durch seine gesellschaftlichen Massenorganisationen, durch das Sowjetaktiv usw., an der Verwaltung des Staates hergestellt.

Die Hauptzüge des Sowjetsystems finden somit im sowjetischen Wahlsystem sowie in der Struktur und in der Tätigkeit der obersten und der örtlichen Organe der Staatsgewalt und der staatlichen Verwaltung ihren Ausdruck.

Das sowjetische Wahlsystem. Der konsequent demokratische Charakter des sowjetischen, auf der Stalinschen Verfassung beruhenden Wahlsystems wird durch die drei nachstehenden Besonderheiten gekennzeichnet.

Der demokratische Charakter des sowjetischen Wahlsystems tritt vor allem in der konsequenten, *von allen Beschränkungen und Ausnahmen befreiten Durchführung der demokratischen Grundsätze* der allgemeinen, gleichen, direkten und geheimen Wahlen in Erscheinung. Der Gesamtcharakter der Wahlen wird durch das Fehlen jeglicher Diskriminierung aus Gründen der Rasse, der Nationalität, des Glaubensbekenntnisses oder des Geschlechts sowie einer Diskriminierung aus vermögensmäßigen Gründen, aus Gründen des Bildungsgrades, einer früheren Tätigkeit oder des Alters (mit Ausnahme der Forderung nach Volljährigkeit) bestimmt—Die Gleichheit der Wahlen für alle Bevölkerungsgruppen wird dadurch gewährleistet, dass jeder Bürger nur eine Stimme hat und die Wahlkreise gleich groß sind. Bei den Wahlen für den Nationalitätensowjet gelten die gleichen Grundsätze, und zwar im Hinblick auf die Hauptaufgabe dieser Kammer, den besonderen Interessen der verschiedenen Nationalitäten der UdSSR gerecht zu werden. Dem Grundsatz, dass die Wahlkreise bei den Wahlen für den Nationalitätensowjet die gleiche Größe haben müssen, wird dadurch Rechnung getragen, dass in jeder Unionsrepublik, in jeder Autonomen Republik und in jedem Autonomen Gebiet die Wahlkreise nach gleichen Gesichtspunkten gebildet werden (die Nationalen Kreise stellen selbstständige Wahlkreise dar). Das Prinzip der direkten Wahlen wird mit letzter Konsequenz durchgeführt; das gleiche gilt für die geheime Abstimmung. Bei den sowjetischen Wahlen wird bei der Aufstellung von Kandidaten nach streng demokratischen Grundsätzen verfahren. Die Aufstellung der Kandidaten ist eine Angelegenheit des ganzen Volkes, an ihr beteiligen sich die Millionenmassen der Arbeiter, Bauern und der Intelligenz.

In der sozialistischen Gesellschaft, die aus zwei befreundeten Klassen—den Arbeitern und den Bauern—und der Schicht der werktätigen Intelligenz besteht, ist die Wahl mit absoluter Mehrheit die beste Methode, um die Ansicht des Volkes in den Sowjets zum Ausdruck kommen zu lassen.

Eine Analyse der bürgerlich-demokratischen Wahlsysteme zeigt, dass keines die demokratischen Forderungen voll verwirklicht hat. In einigen Staaten (z.B. in bestimmten Staaten der USA) besteht bis auf den heutigen Tag in verschiedener Form ein Vermögenszensus. Aber auch dort, wo es keinen Vermögenszensus gibt, wird sein Fehlen durch zahlreiche geheime Klassenzensen wettgemacht; man greift zu einer besonderen Wahlarithmetik, um die Grundsätze der Allgemeinheit, Unmittelbarkeit und Gleichheit abzuwandeln und zu entstellen, während ein beträchtlicher Teil der Werktätigen von der Wahl »ausgeschlossen« wird.—Hoher Alterszensus, Bildungszensus, Seßhaftigkeitszensus, mehrfaches Stimmrecht, Abweichungen vom Grundsatz der Gleichheit der Wahlkreise, Entziehung des Wahlrechts mit Rücksicht auf das Geschlecht, Ausschaltung der Völker der Kolonien von den Parlamentswahlen, indirekte Wahlen für eine der

Kammern, Verlangen nach Stellung einer Geldkaution durch die Kandidaten—das sind nur einige der Abweichungen von den Grundsätzen des demokratischen Wahlrechts, die in jedem bürgerlichen Wahlsystem in dieser oder jener Form anzutreffen sind.

Eine Besonderheit des sowjetischen Wahlsystems besteht darin, dass es sich nicht nur darauf beschränkt, die Wahlrechte der Bürger im Einzelnen festzulegen, sondern dass es darüber hinaus auch jedem Wähler und jedem Werktätigenkollektiv, das Deputiertenkandidaten für den Obersten Sowjet der UdSSR aufstellt, die Ausübung dieses Rechts mit Hilfe eines ganzen Systems von Garantien sichert.—In materieller Hinsicht geschieht das dadurch, dass der Staat alle mit den Wahlen verbundenen Ausgaben übernimmt: er stellt Papier zur Verfügung, sorgt für den Druck von Wahlliteratur, Plakaten, Flugblättern usw.—Verwaltungsrechtlichen und gerichtlichen Schutz genießt das Wahlrecht insofern, als jeder nicht in die Wählerliste aufgenommene Wähler sein Stimmrecht beim Vollzugskomitee des Sowjets feststellen lassen kann; dieses ist verpflichtet, seinen Antrag binnen drei Tagen zu prüfen; falls der Beschwerdeführende mit der Entscheidung des Vollzugskomitees nicht einverstanden ist, kann er sich an das Volksgericht wenden, das den Fall innerhalb einer Frist von drei Tagen in öffentlicher Sitzung, und zwar im Beisein des Beschwerdeführenden und unter Vorladung des Vorsitzenden des Vollzugskomitees, zu klären hat.—Das sowjetische Strafgesetz schützt den Wähler vor jedem Versuch, einen ungesetzlichen Druck auf ihn auszuüben sowie ihn durch Gewaltanwendung, Drohung, Betrug oder Bestechung an der Ausübung des Wahlrechts zu hindern. Der Aufgabe, eine Teilnahme sämtlicher Stimmberechtigten zu ermöglichen, dienen auch die Modalitäten der Durchführung der Wahlen, insbesondere ihre Ansetzung an arbeitsfreien Tagen, ihre Abhaltung in möglichst unmittelbarer Nähe der Wahlbezirke usw.

Die wichtigste Besonderheit des sowjetischen Wahlsystems liegt darin, dass es die Grundsätze enthält, nach denen in einer sozialistischen Gesellschaft das Volk die Wahl der Machtorgane vornimmt. »[U]nsere Wahlen [sind] die einzigen wirklich freien und wirklich demokratischen Wahlen in der ganzen Welt. *(Lebhafter Beifall.)*

Zu solchen freien und wirklich demokratischen Wahlen konnte es nur kommen auf dem Boden des Sieges der sozialistischen Ordnung, nur aufgrund der Tatsache, dass der Sozialismus bei uns nicht einfach aufgebaut wird, sondern bereits in das Dasein, in den Alltag des Volkes eingegangen ist…

Auf dieser Grundlage entstanden denn auch bei uns neue, wirklich freie und wirklich demokratische Wahlen, Wahlen, die in der Geschichte der Menschheit ihresgleichen nicht kennen« (Stalin, 1937/1979, S.163–164).

Der Oberste Sowjet der UdSSR als das höchste Organ der Staatsgewalt in der UdSSR

Das höchste Organ der Staatsgewalt der UdSSR ist der Oberste Sowjet der UdSSR, der vom gesamten sowjetischen Volk für vier Jahre aus den Reihen der wahlberechtigten Bürger im Alter von über 23 Jahren gewählt wird.

Der Oberste Sowjet der UdSSR besteht aus zwei Kammern: dem Unionssowjet und dem Nationalitätensowjet. Das sowjetische Zweikammersystem hat die Aufgabe, neben den gemeinsamen Interessen der Werktätigen auch die spezifischen Interessen der Werktätigen der verschiedenen, insbesondere auch der zahlenmäßig kleinen Nationalitäten zu wahren. Dieser Aufgabe dient auch der Aufbau der beiden Kammern. Der Unionssowjet wird von allen Wählern nach

Wahlbezirken gewählt, und zwar entfällt auf 300.000 Einwohner je ein Deputierter. Der Nationalitätensowjet wird, um eine selbstständige Vertretung aller sowjetischen Nationalitätengebilde zu ermöglichen, nach folgenden Gesichtspunkten gewählt: jede Unionsrepublik entsendet 25 Deputierte, jede Autonome Republik 11 Deputierte, jedes Autonome Gebiet 5 Deputierte und jeder Nationale Kreis 1 Deputierten. Insgesamt wurden im Jahre 1946 bei den Wahlen für den Obersten Sowjet der UdSSR der zweiten Wahlperiode (einschließlich der von den außerhalb der Grenzen der UdSSR befindlichen Truppenteilen nach besonderen Bestimmungen gewählten Deputierten) für den Unionssowjet 682 Deputierte und für den Nationalitätensowjet 657 Deputierte gewählt. Im Nationalitätensowjet der zweiten Wahlperiode waren 49 Nationalitäten der UdSSR vertreten.—Die Grundsätze des sowjetischen Zweikammersystems sind: a.) gleiche demokratische Methode bei der Bildung der beiden Kammern—beide Kammern werden vom gesamten Sowjetvolk in geheimer Abstimmung unmittelbar gewählt—und b.) Gleichberechtigung der beiden Kammern.

Alle Maßnahmen, die der Oberste Sowjet trifft, ergehen im Einvernehmen der beiden Kammern. Bei Meinungsverschiedenheit zwischen den Kammern geht die Frage zur weiteren Entscheidung an eine von den Kammern paritätisch gebildete Schlichtungskommission. Falls diese sich nicht einigen kann oder falls eine der beiden Kammern mit der Entscheidung der Kommission nicht einverstanden ist, wird der Fall erneut in den Kammern behandelt.

Kommt hier wiederum keine Einigung zustande, so löst das Präsidium des Obersten Sowjets der UdSSR den Obersten Sowjet der UdSSR auf und verfügt Neuwahlen.

Die Einhaltung dieser Grundsätze gibt die Gewähr, dass das sowjetische Zweikammersystem jederzeit und in jeder Hinsicht als Ausdruck einer konsequenten Demokratie gelten kann.

Der Oberste Sowjet der UdSSR ist als ein das gesamte Volk repräsentierendes Organ der Träger der Souveränität des Sowjetvolkes und des Sowjetstaates.—Der Oberste Sowjet der UdSSR ist das höchste Organ der Staatsgewalt in der UdSSR. In seinen Händen liegt die gesamte Gesetzgebung der Union. Nur er ist befugt, Gesetze zu erlassen, die für die gesamte UdSSR Gültigkeit haben. Sämtliche obersten Organe der Verwaltung, der Rechtsprechung und der Aufsicht über die Gesetzlichkeit werden von ihm gebildet und kontrolliert. Hierin liegt einer der Unterschiede des sowjetischen Systems gegenüber dem auf dem Prinzip der formellen »Gewaltenteilung« aufgebauten Staatssystem, bei dem das Organ der Volksvertretung (Parlament) nur für die Gesetzgebung zuständig ist, während es die sog. vollziehende Gewalt nicht (oder so gut wie gar nicht), kontrollieren darf. In der gleichen Weise unterscheidet sich das Sowjetsystem auch von den auf den Grundsätzen des Parlamentarismus aufgebauten Staatssystemen. Hier übt zwar das Parlament eine gewisse Kontrolle über die Regierung aus, die ihm formell verantwortlich ist Das Parlament bildet jedoch die Regierung nicht unmittelbar, das Staatsoberhaupt ist dem Parlament gegenüber nicht verantwortlich. Auf Vorschlag des Regierungschefs kann es das Parlament auflösen und Neuwahlen ausschreiben. Der vollziehenden Gewalt bietet sich somit die Möglichkeit, einen erheblichen Druck auf die gesetzgebende Gewalt auszuüben, der sie formal unterstellt ist.

Die Rechte des Obersten Sowjets sind folgende: 1.) er erlässt die Gesetze der UdSSR, insbesondere auch die wichtigen Gesetze über den Haushalt der UdSSR und über den Volkswirtschaftsplan; 2.) er wählt das Präsidium des Obersten Sowjets der UdSSR, das der Kollegialpräsident der UdSSR ist; 3.) er bildet die Regierung der UdSSR—den Ministerial der UdSSR; 4.) er wählt den Obersten Gerichtshof der

UdSSR, das oberste Organ der sowjetischen Rechtsprechung, und ernennt den Generalstaatsanwalt der UdSSR, den Hüter der sowjetischen Gesetzlichkeit; 5.) er übt die Kontrolle über die Organe der Staatsgewalt aus (Interpellationsrecht der Deputierten, Recht auf Einsetzung von Untersuchungs- und Revisionskommissionen, auf Absetzung aller höheren Amtspersonen des Staates); 6.) er vollzieht alle sonstigen Akte der höchsten Staatsgewalt wie: Ratifizierung wichtiger Verträge mit ausländischen Staaten, Erklärung des Kriegszustandes usw.; 7.) er hat das Recht, mit Zweidrittelmehrheit in jeder Kammer Verfassungsänderungen vorzunehmen; 8.) er stellt durch jede seiner Kammern die Geschäftsordnung auf, wählt die Organe der Kammern usw.

Der Oberste Sowjet der UdSSR wird jährlich zweimal durch das Präsidium des Obersten Sowjets der UdSSR zu Tagungen einberufen. Außerordentliche Tagungen des Obersten Sowjets setzt das Präsidium des Obersten Sowjets der UdSSR nach eigenem Ermessen oder auf Antrag einer der Unionsrepubliken fest. Die Tagungen beider Kammern beginnen und enden gleichzeitig, d.h. am gleichen Tage. Jede Kammer setzt ihre Tagesordnung fest. Nach übereinstimmendem Beschluss der Kammern können auch gemeinsame Sitzungen beider Kammern stattfinden, auf denen dann die Kammervorsitzenden abwechselnd den Vorsitz führen.

Die Wahl des Präsidiums des Obersten Sowjets der UdSSR, des Ministerrats, des Obersten Gerichtshofes der UdSSR sowie die Ernennung des Generalstaatsanwaltes der UdSSR erfolgen in gemeinsamen Sitzungen beider Kammern. Jede Kammer wählt ihren Vorsitzenden und zwei Stellvertreter des Vorsitzenden, die Mandatskommission, welche die Gültigkeit der Mandate zu prüfen hat (der Bericht der Mandatskommission wird jeweils der Kammer zur Bestätigung vorgelegt), die Kommission für Gesetzesvorschläge (ihre Aufgabe ist die vorherige Erörterung und Vorbereitung von Gesetzentwürfen, die dem Obersten Sowjet der UdSSR vorgelegt werden sollen), die Haushaltskommission (sie legt ihr Korreferat über den Staatshaushalt vor) und die Kommission für auswärtige Angelegenheiten. Jede Kammer kann außerdem auch von Fall zu Fall Redaktionskommissionen für einzelne Gesetzentwürfe einsetzen. Das Recht der Gesetzesinitiative haben beide Kammern, und zwar der einzelne Deputierte, die Kammerkommissionen, das Präsidium des Obersten Sowjets der UdSSR und der Ministerrat der UdSSR.

Das Präsidium des Obersten Sowjets der UdSSR

Der Oberste Sowjet wählt auf der ersten Tagung nach den Wahlen sein Präsidium. Dieses behält seine Funktionen bis zu dem Zeitpunkt, in welchem der Oberste Sowjet der neuen Wahlperiode das neue Präsidium wählt. Das Präsidium des Obersten Sowjets besteht aus dem Vorsitzenden, den Stellvertretern des Vorsitzenden (entsprechend der Zahl der Unionsrepubliken), dem Sekretär des Präsidiums und weiteren 15 Mitgliedern.—Das Präsidium des Obersten Sowjets ist—wie bereits erwähnt—der sowjetische Kollegialpräsident. Es weist jedoch eine Reihe von Merkmalen auf, die es in starken Gegensatz zu dem »üblichen« Staatsoberhaupt eines bürgerlichen Staates bringen. Die Besonderheiten bestehen darin, dass das Präsidium des Obersten Sowjets: a.) dem Obersten Sowjet rechenschaftspflichtig ist und ihm gegenüber die Verantwortung für die Gesetzlichkeit und die Zweckmäßigkeit seiner Handlungen trägt—zum Unterschied von dem nicht verantwortlichen Staatschef eines bürgerlichen Staates. Das einzelne Mitglied des Präsidiums kann vom Obersten Sowjet jederzeit abberufen werden; b.) ein Kollegialpräsident ist, während das Oberhaupt des bürgerlichen Staates gewöhnlich eine Einzelperson ist; c.) nur aus Volksvertretern, also Mitgliedern beider Kammern des Obersten Sowjets, besteht, wodurch erreicht wird, dass sämtliche Unionsrepubliken sowie die größeren Autonomen Republiken, Gaue und Gebiete vertreten sind; d.) nicht das Recht hat, gegen die Entscheidungen des Obersten Sowjets ein Veto einzulegen oder den Obersten Sowjet der UdSSR aufzulösen (eine Auflösung kann nur in dem einen, bereits oben erwähnten Falle erfolgen und hängt nicht von dem Ermessen des Präsidiums des Obersten Sowjets ab).

Das Präsidium des Obersten Sowjets der UdSSR stellt das ständig arbeitende Organ der Staatsgewalt beim Obersten Sowjet der UdSSR dar, das die höchste Staatsgewalt unter der Kontrolle des Obersten Sowjets der UdSSR ausübt. Befugnisse und Art der Tätigkeit des Präsidiums des Obersten Sowjets lassen sich nur begreifen, wenn man seinen engen und unmittelbaren Zusammenhang mit dem Obersten Sowjet und seine systematische Eingliederung in diesen (wie das bereits aus seiner Bezeichnung hervorgeht) berücksichtigt. Gleichzeitig ist das Präsidium des Obersten Sowjets als ein für seine Tätigkeit verantwortliches Organ im Rahmen seiner Zuständigkeiten selbstständig und initiativberechtigt. Es hat mit dem nominellen Staatsoberhaupt eines parlamentarischen Staates nichts gemein, der zwar »herrscht«, aber nicht »regiert«, und durch seine formelle Prärogative die tatsächliche Alleinherrschaft des Kabinetts verdeckt.—Selbständigkeit und Verantwortlichkeit des Präsidiums des Obersten Sowjets kommen insbesondere darin zum Ausdruck, dass seine Akte (Erlasse = *ukasy)*[1] nicht der Gegenzeichnung

---

1 **Die Red.:** In der Großen Sowjetenzyklopädie wurde ein anderer Transkriptionsstil genutz. Aus Gründen der Einheitlichkeit wurde die Transliteration nach ISO 9 verwendet (siehe Tabelle unten).

der Minister oder des Vorsitzenden des Ministerrates der UdSSR bedürfen.

Die hauptsächlichsten Befugnisse des Präsidiums des Obersten Sowjets der UdSSR lassen sich in folgende Gruppen zusammenfassen: a.) Befugnisse auf dem Gebiet der auswärtigen Beziehungen, also Ernennung und Abberufung der politischen Vertreter der UdSSR, Entgegennahme der Beglaubigungs- und Abberufungsschreiben ausländischer diplomatischer Vertreter, Ratifizierung und Kündigung von Verträgen; in der Zeit zwischen den Tagungen des Obersten Sowjets: Erklärung des Kriegszustandes im Falle eines kriegerischen Überfalles auf die UdSSR oder der Erfüllung internationaler vertraglicher Abmachungen über gegenseitige Hilfeleistung bei einer Aggression; Erklärung der allgemeinen und der teilweisen Mobilmachung sowie des Ausnahmezustandes, Ernennung und Absetzung des Oberkommandos der Streitkräfte der UdSSR; b.) Befugnisse hinsichtlich der Organisierung der Arbeit des Obersten Sowjets, also Ausschreibung von Neuwahlen, Einberufung ordentlicher und außerordentlicher Tagungen des Obersten Sowjets, Ausfertigung von Gesetzen durch den Vorsitzenden und den Sekretär des Präsidiums des Obersten Sowjets, Auflösung des Obersten Sowjets der UdSSR in dem obenerwähnten Falle; in der Zeit zwischen den Tagungen: Erteilung der Zustimmung zur gerichtlichen Heranziehung eines Deputierten des Obersten Sowjets oder zu seiner Verhaftung sowie Durchführung eines Referendums; c.) Kontrollbefugnisse über die Organe der vollziehend-verfügenden Gewalt:—Kontrolle über die Regierung, Aufhebung von gesetzwidrigen Verordnungen *(postanovleniâ)* des Ministerrates der UdSSR und der Ministerräte der Unionsrepubliken, Entgegennahme von Berichten der Regierung und der einzelnen Ressorts; in der Zeit zwischen den Tagungen: Amtsenthebung und Ernennung von Ministern und Regierungsmitgliedern auf Vorschlag des Vorsitzenden des Ministerrates der UdSSR; d.) Befugnisse, durch Erlasse allgemeine Normen *(obŝie normy)* zur Regelung dringlicher Fragen des staatlichen Lebens, wie Einrichtung neuer Ministerien, neuer Gaue und Gebiete u. dgl., aufzustellen.

Erlasse der letztgenannten Art sowie Erlasse über Amtsenthebung und Ernennung von Regierungsmitgliedern legt das Präsidium des Obersten Sowjets dem Obersten Sowjet nachträglich zur Bestätigung vor; e.) als Organ des Obersten Sowjets der UdSSR nimmt das Präsidium des Obersten Sowjets eine für alle Staatsorgane und Bürger der UdSSR verbindliche Auslegung der geltenden Gesetze der UdSSR vor. Es stiftet die Orden der UdSSR und legt die Ehrentitel der UdSSR, militärische Dienstgrade, diplomatische Rangstufen und andere spezielle Titel fest.

Das Präsidium des Obersten Sowjets der UdSSR hat ferner das Recht, Ein- und Ausbürgerungen vorzunehmen, Genehmigungen zum Austritt aus der Staatsbürgerschaft zu erteilen, Auszeichnungen zu verleihen, Begnadigungen auszusprechen usw.

Die Regierung der UdSSR

Das höchste »vollziehende und verfügende« Organ *(ispolnitel'nyj i rasporâditel'nyj organ)* der Staatsgewalt ist die Regierung der UdSSR, d.h. der Ministerrat der UdSSR. Sie wird vom Obersten Sowjet der UdSSR auf der ersten Tagung nach den Wahlen gebildet: der Oberste Sowjet beauftragt eines seiner Mitglieder, das von ihm als Vorsitzender des Ministerrates vorgesehen ist, mit der Vorlegung von Vorschlägen über die Bildung einer Regierung. Er nimmt sodann einzeln die Ernennung eines jeden der Regierungsmitglieder einschließlich des Vorsitzenden des Ministerrates vor. Die Mitglieder der Regierung können Deputierte des Obersten Sowjets, müssen es jedoch nicht sein. Der Ministerrat der UdSSR besteht aus dem Vorsitzenden des Ministerrates, den Stellvertretern des Vorsitzenden, den Ministern für die einzelnen Verwaltungszweige sowie den Vorsitzenden der Staatlichen Plankommission und des Komitees für Angelegenheiten der Kunst. Beim Ministerrat bestehen Hauptverwaltungen, Komitees, Sowjets und andere zentrale Sonderdienststellen.

Gemäß den Besonderheiten, die sich aus dem Aufbau des Sowjetstaates als Union ergeben, werden die Ministerien der UdSSR in Unionsministerien und in Unions- und Unionsrepublikministerien eingeteilt. Erstere leiten die einzelnen ihnen anvertrauten Zweige der Staatsverwaltung, soweit die Union ausschließlich zuständig ist, letzteren unterstehen die Zweige, für die die Union und die Unionsrepubliken gemeinsam zuständig sind. Zur ersten Gruppe von Ministerien gehören vorwiegend Ministerien für Industriezweige, die in der Volkswirtschaft eine entscheidende Rolle spielen, zu der zweiten Gruppe allgemeinpolitische und administrative Ministerien (z.B. die Ministerien für auswärtige Angelegenheiten, für innere Angelegenheiten, für staatliche Sicherheit, für Streitkräfte, für Finanzen, für Justiz sowie die Ministerien für Leichtindustrie und für Landwirtschaft).

Die Regierung der UdSSR ist dem Obersten Sowjet der UdSSR sowie dem Präsidium des Obersten Sowjets der UdSSR verantwortlich und rechenschaftspflichtig. Die Verantwortlichkeit kommt insbesondere darin zum Ausdruck, dass sie verpflichtet ist, eine an die Regierung in ihrer Gesamtheit oder an ein einzelnes Regierungsmitglied gerichtete Anfrage eines Deputierten innerhalb von drei Tagen zu beantworten. Die Verordnungen *(postanovleniâ)* und Verfügungen *(rasporâšeniâ)* des Ministerrates der UdSSR ergehen auf Grund und in Ausführung der geltenden Gesetze, ihre Aufhebung kann durch das Präsidium des Obersten Sowjets der UdSSR und den Obersten Sowjet der UdSSR erfolgen.

Die obersten Organe der Staatsgewalt und der Staatsverwaltung der Unions- und der autonomen Republiken

Die Organe der Staatsgewalt und der Staatsverwaltung der Unions- und der Autonomen Republiken sind in vollem Einklang mit den allgemeinen Grundsätzen des Sowjetsystems aufgebaut. In jeder Republik ist das oberste Organ der Staatsgewalt der aus einer Kammer bestehende Oberste Sowjet, der durch die gesamte Bevölkerung der Republik gewählt wird. Zu Deputierten der Obersten Sowjets der Unions- und der Autonomen Republiken können alle wahlberechtigten Bürger der UdSSR über 21 Jahre gewählt werden. Der Oberste Sowjet der Republik wählt das Präsidium des Obersten Sowjets der Republik. In Unionsrepubliken, denen Autonome Republiken angehören, sind letztere im Präsidium des Obersten Sowjets durch Stellvertreter des Vorsitzenden des Präsidiums des Obersten Sowjets vertreten. Der Oberste Sowjet bildet die Regierung der Republik. Sie setzt sich zusammen aus dem Vorsitzenden des Ministerrates, den Stellvertretern des Vorsitzenden des Ministerrates, dem Vorsitzenden der Staatlichen Plankommission der Republik, den Ministern, dem Leiter der Verwaltung (oder des Komitees) für Angelegenheiten der Kunst und dem Vorsitzenden des Komitees für kulturelle und Bildungsanstalten. Bei den Ministerien in den Republiken unterscheidet man zwei Gruppen: die Unions- und Unionsrepublikministerien und die Republikministerien. Die Unions- und Unionsrepublikministerien der Unionsrepublik leiten den ihnen übergebenen Zweig der Staatsverwaltung, wobei sie sowohl der Regierung der Republik als auch dem gleichnamigen Ministerium der UdSSR unterstellt sind. Die Republikministerien der Unionsrepublik sind nur der Regierung der Unionsrepublik unterstellt, die Republikministerien der Autonomen Republik sind gleichzeitig den gleichnamigen Ministerien der Unionsrepublik und der Regierung der Autonomen Republik unterstellt. Alle diese Organe des Sowjets sind im Rahmen der Zuständigkeit der Unions- oder der Autonomen Republik tätig.

Die örtlichen Organe der Staatsgewalt

In den Gauen, Gebieten, Kreisen, Bezirken, Städten und Dörfern wird die Staatsgewalt durch die gewählten örtlichen Sowjets der Werktätigen-Deputierten ausgeübt. Die Sowjets treten jährlich viermal (Gau- und Gebietssowjets) bis zwölfmal (Stadt- und Dorfsowjets) zu Tagungen zusammen. Jede Tagung wählt ihren Vorsitzenden und ihren Sekretär. Die Vollzugsorgane der Sowjets sind die Vollzugskomitees, die von den Sowjets gewählt werden und aus dem Vorsitzenden, seinen Stellvertretern, dem Sekretär und weiteren Mitgliedern bestehen. In kleineren Dörfern stellen der Vorsitzende des Sowjets, seine Stellvertreter und der Sekretär, die sämtlich vom Sowjet gewählt sind, die Vollzugsorgane dar. Die Vollzugsorgane sind voll und ganz den Sowjets unterstellt und sind ihnen gegenüber verantwortlich. Für die einzelnen Verwaltungszweige bilden die Sowjets Abteilungen, die einerseits dem Vollzugskomitee der Sowjets und dem Sowjet sowie andererseits den Abteilungen der übergeordneten Sowjets—bis zum entsprechenden Ministerium hinauf—unterstellt sind. Dementsprechend sind auch die Vollzugskomitees der Sowjets einerseits dem jeweiligen Sowjet und andererseits dem Vollzugskomitee des übergeordneten Sowjets bis hinauf zum Ministerrat als dem höchsten vollziehenden und verfügenden Organ der Staatsgewalt unterstellt. Die doppelte Unterstellung ist eines der Prinzipien des demokratischen Zentralismus; es stellt die Grundlage dar, auf der sich die Beziehungen zwischen den zentralen und den örtlichen Organen im Sowjetstaat regeln.

Eine große Rolle bei der Arbeit der Sowjets ist den ständigen Kommissionen zugewiesen, die von den Sowjets gewählt werden und aus Deputierten der Sowjets bestehen. Diese Kommissionen führen die Aufträge der Sowjets aus, kontrollieren die Arbeit der Abteilungen der Sowjets usw. Sie stützen sich bei ihrer Arbeit auf das Sowjetaktiv, auf die Massenorganisationen der Werktätigen.

Die Organe der Rechtsprechung und der Aufsicht über die Gesetzlichkeit

Das sowjetische Gerichtssystem ist auf den Grundsätzen einer konsequenten sowjetischen Demokratie aufgebaut. Alle Gerichte werden durch Wahl bestimmt. Die Volksrichter werden unmittelbar von der Bevölkerung der Bezirke auf die Dauer von drei Jahren gewählt. Die höherinstanzlichen Gerichte werden von den Gau-, den Gebiets- und den Kreissowjets auf die Dauer von fünf Jahren gewählt. Die Obersten Gerichtshöfe der UdSSR sowie die der Unions- und der Autonomen Republiken werden von den Obersten Sowjets der UdSSR bzw. der Unions- und der Autonomen Republiken auf die Dauer von fünf Jahren gewählt. Die Richter sind unabhängig und nur dem Gesetz unterworfen. Jeder Angeklagte hat das Recht, sich vor Gericht zu verteidigen. Das Gerichtsverfahren wird in der Sprache der Mehrheit der Bevölkerung der betreffenden Gegend durchgeführt. Personen, die dieser Sprache nicht mächtig sind, können sich mit Hilfe von Dolmetschern über die Prozessangelegenheiten unterrichten, sie haben das Recht, sich vor Gericht ihrer Muttersprache zu bedienen.

Die Aufsicht über die Gesetzlichkeit als eine der

Hauptgrundlagen der sowjetischen Demokratie ist den Organen der Staatsanwaltschaft zugewiesen. Gemäß der Verfassung der UdSSR obliegt die oberste Aufsicht über die strikte Durchführung der Gesetze durch alle Ministerien und die ihnen unterstellten Behörden ebenso wie durch die einzelnen Amtspersonen und Dienststellen dem Generalstaatsanwalt der UdSSR (die Aufsicht über die Gesetzlichkeit der Akte des Ministerrats steht dem Präsidium des Obersten Sowjets zu). Der Staatsanwalt hat ferner auf Ordnungsmäßigkeit und Gesetzlichkeit des Gerichtsverfahrens zu achten, vor Gericht als staatlicher Anklagevertreter aufzutreten und gegen Urteile und Entscheidungen des Gerichts, die unter Verletzung des Gesetzes gefällt wurden oder ungenügend begründet sind, Rechtsmittel einzulegen.—Alle diese Aufgaben der Staatsanwaltschaft haben zur Voraussetzung, dass sie von den örtlichen Organen der Staatsgewalt und der staatlichen Verwaltung sowie Gerichtsorganen und überhaupt von örtlichen Einflüssen aller Art unabhängig ist. Das folgt aus dem Prinzip der Einheit der Gesetzlichkeit, die nach einem Ausspruch von Lenin »in Kaluga nicht anders sein darf als in Kasan« (vgl. Lenin, 1922/1977, S.350), da der Begriff der Gesetzlichkeit im Ganzen Staate der gleiche sein muss.—Daraus ergibt sich die spezifische Besonderheit in der Gliederung der Staatsanwaltschaftsorgane. Der Generalstaatsanwalt der UdSSR wird vom Obersten Sowjet der UdSSR auf die Dauer von sieben Jahren ernannt. Er ernennt seinerseits die Staatsanwälte der Unionsrepubliken, der Gaue und der Gebiete sowie die Staatsanwälte der Autonomen Republiken und der Autonomen Gebiete auf die Dauer von fünf Jahren. Die Staatsanwälte der Unionsrepubliken ihrerseits ernennen wiederum die Staatsanwälte der Kreise, Städte und Bezirke auf die Dauer von fünf Jahren. Die Ernennung ist vom Generalstaatsanwalt der UdSSR zu bestätigen. Alle Organe der Staatsanwaltschaft unterstehen nur dem Generalstaatsanwalt der UdSSR.

Der Aufbau des sowjetischen Nationalitätenstaates als Bundesstaat

Die Union und die Unionsrepubliken. Der Aufbau des Sowjetstaates als Bundesstaat (föderativer Aufbau) ist dadurch bedingt, dass es sich um einen Nationalitätenstaat handelt. Er verwirklicht die Grundsätze der Nationalitätenpolitik Lenins und Stalins, die eine dauerhafte und unverbrüchliche Freundschaft der Völker gewährleistet.

Der sowjetische Nationalitätenstaat beruht auf der Anerkennung des Selbstbestimmungsrechtes der Völker und auf den Grundsätzen ihrer Gleichheit und Souveränität, wie sie bereits im November 1917 in der Lenin-Stalinschen Deklaration der Rechte der Völker Russlands aufgestellt worden waren.—Der Sowjetstaat ist eine föderative Vereinigung von 16 Sowjetrepubliken auf der Grundlage der Freiwilligkeit und der Gleichberechtigung. Die Freiwilligkeit der Vereinigung kommt nicht nur im freiwilligen Beitritt der Sowjetrepubliken zur Union zum Ausdruck, sondern auch darin, dass ihr Verbleiben in der Union nicht erzwungen wird, vielmehr auf ihrem freien Willen beruht, und dass sie nach freier Entschließung jederzeit aus der Union austreten können. Die Freiwilligkeit des Zusammenschlusses wird durch das in der Verfassung der UdSSR und in den Verfassungen der Unionsrepubliken festgelegte Recht auf freien Austritt aus der UdSSR garantiert.—Die Gleichberechtigung der Unionsrepubliken kommt zum Ausdruck in der Gleichheit ihrer souveränen staatlichen Rechte, ihrer Zuständigkeiten und ihrer Pflichten. Die hauptsächlichen Rechte der Unionsrepubliken, in denen ihr staatlicher Charakter, ihre Souveränität und ihre Gleichheit zum Ausdruck kommen, sind folgende: 1.) Jede Unionsrepublik hat ihre eigene Verfassung; sie wird vom Obersten Sowjet der Republik erlassen und bedarf keiner weiteren Bestätigung durch den Obersten Sowjet der UdSSR. Die Verfassung der Unionsrepublik enthält die Grundsätze für den gesellschaftlichen und staatlichen Aufbau der Republik und bestimmt in voller Übereinstimmung mit der Verfassung der UdSSR die Struktur der obersten Organe der Staatsgewalt und der staatlichen Verwaltung sowie der örtlichen Organe der Staatsgewalt usw. Die historischen und nationalen Besonderheiten einer jeden Republik finden in den Verfassungen der Republiken ihre Berücksichtigung. 2.) Jede Unionsrepublik besitzt die Gebietshoheit. Ihr Gebiet kann nicht ohne ihr Einverständnis geändert werden. 3.) Jeder Unionsrepublik steht das Recht auf freien Austritt aus der UdSSR zu. 4.) Jede Unionsrepublik hat das Recht, unmittelbare Beziehungen zu auswärtigen Staaten aufzunehmen, mit ihnen Abkommen zu treffen und diplomatische sowie Konsularvertreter auszutauschen. Dieses Recht erhielten die Unionsrepubliken durch Beschluss der X. Tagung des Obersten Sowjets der UdSSR vom 1. Februar 1944. Einige Unionsrepubliken haben bereits von diesem Recht Gebrauch gemacht und z.B. das Statut der Vereinten Nationen unterzeichnet sowie eine Reihe zweiseitiger Abkommen mit einzelnen ausländischen Staaten abgeschlossen. 5.) Jede Unionsrepublik hat das Recht, eigene Truppenformationen aufzustellen. Auch dieses Recht wurde durch Beschluss der X. Tagung des Obersten Sowjets festgelegt. 6.) Jede Unionsrepublik hat ohne Rücksicht auf die Bevölkerungszahl das Recht, im Nationalitätensowjet der UdSSR in der gleichen Weise selbstständig vertreten zu sein wie die anderen Republiken. 7.) Jede Unionsrepublik hat das Recht, im Präsidium des Obersten Sowjets der UdSSR durch einen der Stellvertreter des Vorsitzenden des Präsidiums vertreten zu sein. 8.) Jede Unionsrepublik hat das Recht, die Einberufung des Obersten Sowjets der UdSSR zu einer außerordentlichen Tagung sowie die Durchführung eines Referendums zu verlangen. 9.) Jede

Unionsrepublik hat das Recht, die Staatsbürgerschaft zu verleihen. 10.) Jede Unionsrepublik verfügt auf dem Gebiet der Gesetzgebung und Verwaltung über die gleichen Zuständigkeiten wie die anderen Republiken und übt gleich ihnen ihre Gewalt im Rahmen dieser Zuständigkeiten selbstständig aus.

Diese Rechte der Unionsrepubliken sind der Ausdruck ihrer Souveränität, einer Souveränität, hinter der die gesamte Macht der UdSSR steht.

Die Unionsrepubliken sind souveräne Sowjetstaaten. Ihre Souveränität wird nur durch Artikel 14 der Verfassung der UdSSR eingeschränkt, der eine Aufzählung der Befugnisse der Union enthält. Das Hauptmerkmal ihrer Souveränität ist das Recht auf Austritt aus der Union—dieses »grundlegende Element der Unabhängigkeit«[2] (Stalin, 1923/1952, S.213), das den Unionsrepubliken im Rahmen der Union zusteht.

Bedeutete der Eintritt in die Union eine gewisse zwangsläufige Einschränkung der souveränen Rechte der Unionsrepubliken, und zwar insofern, als »jede Vereinigung eine gewisse Beschränkung der vorher bestehenden Rechte derer, die sich vereinigt haben«, nach sich zieht (Stalin, 1923/1952, S.213), so bedeutet das Recht jeder der Unionsrepubliken auf Austritt aus der Union die Möglichkeit, die zugunsten der gesamten Union freiwillig aufgegebenen Rechte jederzeit wieder zurückzuerhalten. Die Unionsrepublik bleibt somit Herr ihres Schicksals.

In gleichem Maße unterstreicht die Verfassung der

---

2 **Die Red.:** Im Russischen nutzt Stalin den Wortlaut »maksimum nezavisimosti v potencii [Maximum an Unabhängigkeit in der Potenz]«. In der Großen Sowjet-Enzyklopädie wird es auch so übersetzt, in den deutschen Stalin-Werken wird jedoch das verständlichere »grundlegende Element der Unabhängigkeit« genutzt.

UdSSR auch die Souveränität der Union. Die UdSSR ist keine Konföderation (Staatenbund), sondern eine Föderation, ein Bundesstaat, der als Träger der uneingeschränkten Staatsgewalt und als unabhängiges Mitglied der internationalen Gemeinschaft staatliche Funktionen ausübt. Souveränität der Union bedeutet Oberhoheit innerhalb ihres Gebietes und Unabhängigkeit nach außen. Im Verhältnis der Unionsrepubliken zur Union sind folgende Rechte für die Souveränität der letzteren bezeichnend: 1.) Die sog. Kompetenz-Kompetenz, d.h. das Recht, im Wege der Verfassungsänderung die eigene Kompetenz zu erweitern. 2.) Das Recht, im Rahmen ihrer Kompetenz gesetzgeberische und sonstige normative Akte zu erlassen, die im Territorium sämtlicher Unionsrepubliken gelten und insbesondere den gesetzgebenden, den vollziehenden und verfügenden sowie den gerichtlichen Organen der Unionsrepubliken gegenüber Verbindlichkeit besitzen. 3.) Die Priorität der Unionsgesetze vor den Gesetzen der Unionsrepubliken: für den Fall, dass ein Gesetz der Unionsrepublik einem Unionsgesetz widerspricht, gilt das letztere. 4.) Das Recht der Union, die Verfassung der Unionsrepubliken auf ihre Übereinstimmung mit der Verfassung der UdSSR zu kontrollieren, und die Festlegung der Grundlagen des gesellschaftlichen und staatlichen Aufbaus der Unionsrepublik in der Verfassung der UdSSR 5.) Das Recht auf Festlegung eines allgemeinen Verfahrens, nach dem die Unionsrepubliken zu auswärtigen Staaten in Beziehungen treten. 6.) Das Recht, den Unionsrepubliken Richtlinien für die Organisation der Truppenformationen zu geben. 7.) Das Genehmigungsrecht von Grenzänderungen zwischen den Unionsrepubliken und der Bildung neuer Gaue und Gebiete sowie neuer Autonomer Republiken im Rahmen der Unionsrepubliken. 8.) Das Recht, allgemeine gesetzgeberische Grundsätze für bestimmte Gebiete (Bildungswesen, Gesundheitswesen, Arbeit, Ehe und Familie usw.) aufzustellen.

Das Problem der Bundesstaatssouveränität, in der bürgerlichen rechtswissenschaftlichen Literatur Gegenstand endloser Auseinandersetzungen, findet im sowjetischen Bundesstaat seine Lösung durch Anerkennung sowohl der Souveränität der Union als auch der Unionsrepubliken.

Diese Lösung des Problems ermöglichen: das Fehlen von Interessengegensätzen zwischen der Union als solcher und den einzelnen Unionsrepubliken, die Übereinstimmung ihrer Interessen, die Gemeinsamkeit der Ziele und Aufgaben aller Unionsrepubliken, ihr Interesse an einer größtmöglichen Machtsteigerung der Union einerseits und das Interesse der Union an einer größtmöglichen Entfaltung der Selbständigkeit und der Initiative der Republiken andererseits sowie die Einheitlichkeit der sozial-klassenmäßigen, wirtschaftlichen und politischen Grundlage der Union und der Unionsrepubliken.

Gewiss verfügt auch der bürgerliche Bundesstaat über eine einheitliche klassenmäßige Grundlage, ein einheitliches Wirtschaftssystem und eine einheitliche politische Macht, und zwar in Gestalt des für die Föderation und ihre Mitglieder gemeinsamen kapitalistischen Wirtschaftssystems und der Diktatur der Bourgeoisie.

Aber diese Einheitlichkeit schließt nicht aus, sondern bedingt gerade, dass die gegensätzlichen Interessen ständig miteinander im Kampf liegen. Diese Gegensätze treten mit besonderer Stärke sowohl in der Frage der Souveränität der Föderation und ihrer Mitglieder als auch in der Frage der Abgrenzung der Zuständigkeiten der Föderation einerseits und ihrer Mitglieder andererseits zutage.

In der sowjetischen Föderation wird die Frage der Zuständigkeitsabgrenzung in einer Atmosphäre gelöst, die frei von den für die bürgerliche Föderation so charakteristischen Kompetenzstreitigkeiten ist. Die Frage läuft im Wesentlichen darauf hinaus, wie, und zwar sowohl vom Standpunkt der Union in ihrer Gesamtheit als auch vom Standpunkt der Interessen der Unionsrepublik aus, eine möglichst zweckmäßige Verteilung der Rechte vorzunehmen ist. Bei einer ganzen Reihe wichtiger Fragen des politischen, wirtschaftlichen und kulturellen Lebens sind die Republiken selbst an einer für die gesamte Union einheitlichen und sachkundigen Leitung interessiert. Das gilt insbesondere auf dem Gebiet der Planung der Volkswirtschaft, auf dem eine einheitliche Leitung unumgänglich ist. Nur eine einheitliche Planung vermag alle Kräfte und Hilfsquellen der Sowjetvölker zusammenzufassen und zwecks Sicherung der Sowjetrepubliken vor einer kapitalistischen Einkreisung sowie zwecks Erreichung des gemeinsamen Zieles—des Aufbaus der kommunistischen Gesellschaft—richtig einzusetzen.

Die Zuständigkeiten der Union sind in der Hauptsache in Artikel 14 der Verfassung der UdSSR enthalten. Die Befugnisse der Union lassen sich in fünf Gruppen einteilen: 1.) Befugnisse auf dem Gebiete der auswärtigen Beziehungen des Sowjetstaates und auf militärischem Gebiet. Hierzu gehören: Vertretung der Union in internationalen Beziehungen, Abschluss und Ratifizierung von Verträgen mit den Auslandsstaaten, Regelung des Verfahrens für die Beziehungen der Unionsrepubliken zu auswärtigen Staaten; Fragen über Krieg und Frieden, Organisation der Verteidigung der UdSSR und Führung aller Streitkräfte der UdSSR; Festlegung von Richtlinien für die Organisierung der Truppenformationen der Unionsrepubliken; Außenhandel auf der Grundlage des Außenhandelsmonopols; Aufnahme neuer Republiken in die UdSSR; Ausländergesetzgebung; Schutz der staatlichen Sicherheit. 2.) Befugnisse auf dem Gebiete von Wirtschaft und Finanzen wie: Aufstellung der Volkswirtschaftspläne der UdSSR, Bestätigung des einheitlichen Staatshaushaltes der UdSSR sowie Beschlussfassung über die Zuweisung von Abgaben und Einkünften an den Unionshaushalt, den Haushalt der Republiken und an die örtlichen Haushalte; Verwaltung der Banken, der industriellen und der landwirtschaftlichen Dienststellen und Betriebe sowie der Handelsbetriebe, die von Bedeutung für die gesamte Union sind; Verwaltung des Verkehrswesens, Verwaltung des Post- und Fernmeldewesens, Leitung des Währungs- und Kreditsystems, der Organisation des staatlichen Versicherungswesens, Aufnahme und Gewährung von Anleihen, Aufstellung von allgemeinen Grundsätzen für die Bodennutzung, die Verwendung der Bodenschätze, der Waldungen und Gewässer sowie Organisierung einer einheitlichen volkswirtschaftlichen Statistik. 3.) Befugnisse auf sozial-kulturellem Gebiet wie: Aufstellung von allgemeinen Grundsätzen auf dem Gebiete des Bildungs- und des Gesundheitswesens, Leitung des Hochschulwesens und der Verwaltung der Hochschulen, soweit sie von Bedeutung für die gesamte Union sind; Festlegung der Grundlagen für die Gesetzgebung auf arbeitsrechtlichem Gebiet und auf dem Gebiet des Ehe- und Familienrechts. 4.) Befugnisse zwecks Festigung der Einheitlichkeit und der organisatorischen Stärkung des Sowjetstaates wie: Kontrolle über die Einhaltung der Verfassung der UdSSR und die Übereinstimmung der Verfassungen der Unionsrepubliken mit der Verfassung der UdSSR, Genehmigung von Grenzänderungen zwischen Unionsrepubliken, Genehmigung der Bildung von neuen Gauen und Gebieten sowie von neuen Autonomen Republiken im Rahmen der Unionsrepubliken, Gesetzgebung auf dem Gebiet der Gerichtsverfassung und des Gerichtsverfahrens; Gesetzgebung auf dem Gebiet des Straf- und des Zivilrechts; Gesetzgebung betr. die Unionsstaatsbürgerschaft und Erlass von Amnestien.

Die Entwicklung des Sowjetstaates und die Vertiefung der politischen, wirtschaftlichen und kulturellen Beziehungen zwischen den Unionsrepubliken führen zwangsläufig zu einer Erweiterung der Zuständigkeiten der Union.

Die Verfassung von 1936 bringt gegenüber der Verfassung des Jahres 1924 eine erhebliche Erweiterung der Zuständigkeit der Union, insbesondere soweit es sich um Befugnisse im Sinne der Gruppe 4 handelt. So wies die Stalinsche Verfassung zum ersten Mal die Befugnis zum Erlass von Straf- und Zivilgesetzbüchern, die Genehmigung der Bildung neuer Gaue, Gebiete usw. der Kompetenz der Union zu. Gleichzeitig führt jedoch die gewaltige wirtschaftliche und kulturelle Entwicklung der Unionsrepubliken zwangsläufig zu einer Vergrößerung ihrer Selbständigkeit und Initiative, zu einer Erhöhung ihrer Bedürfnisse sowie zu einem Hervortreten neuer, darunter auch außenpolitischer Aufgaben. Das hat zur Folge, dass sich auch die Zuständigkeiten der Unionsrepubliken erweitern. Die historischen Beschlüsse der X. Tagung des Obersten Sowjets der UdSSR der ersten Wahlperiode vom 1. Februar 1944, die den Unionsrepubliken das Recht auf Aufnahme unmittelbarer Beziehungen zu auswärtigen Staaten und das Recht auf Bildung eigener Truppenformationen gewährten, sind der Beweis hierfür.

Die sowjetische Autonomie. Ein charakteristischer Wesenszug der sowjetischen Föderation ist die Mannigfaltigkeit in den Formen der föderativen Bindungen. Sie spiegelt die vielfältigen Formen der Selbstbestimmung der Völker wider. Bereits im Jahre 1913 schrieb J.W. Stalin: »Recht auf Selbstbestimmung, das heißt: Die Nation kann sich nach eigenem Gutdünken einrichten. Sie hat das Recht, ihr Leben nach den Grundsätzen der Autonomie einzurichten. Sie hat das Recht, zu anderen Nationen in föderative Beziehungen zu treten. Sie hat das Recht, sich gänzlich loszutrennen. Die Nation ist souverän, und alle Nationen sind gleichberechtigt« (Stalin, 1913/1950, S.284).

Die Form der Selbstbestimmung der Nationen ergibt sich im Sowjetstaat aus den realen Existenzbedingungen der einzelnen Völker. Je nach den konkreten Umständen kann die eine oder die andere Form des Selbstbestimmungsrechtes sich in dem Maße als zweckmäßig und geeignet erweisen, als sie der Nation Anlass geben, sich gerade dieser staatlichen Daseinsform zu bedienen. Die Nation ist souverän, aber die Souveränität der Nation, d.h. ihr Selbstbestimmungsrecht, kann nicht immer in der Form der *staatlichen Souveränität* seinen Ausdruck finden, die immer das Vorhandensein gewisser materieller Voraussetzungen erfordert. In der sowjetischen Föderation gibt es neben den souveränen Gliedern der Föderation auch autonome Glieder in Form von Autonomen Republiken und Autonomen Gebieten, welche autonome Teile der Unionsrepubliken darstellen.

Eine Reihe Autonomer Republiken wurde in der Vergangenheit in Unionsrepubliken umgewandelt. Möglichkeit und Notwendigkeit einer solchen Umwandlung bestimmten sich danach, ob die Republik die realen Voraussetzungen für eine souveräne Unionsrepublik besitzt, die logisch und faktisch die Frage eines Austritts aus der Union und der Bildung eines selbstständigen Staates stellen könnte. Wie J.W. Stalin in seinem Bericht über den Verfassungsentwurf 1936 betonte, ist die Frage der Umwandlung einer Autonomen Republik in eine Unionsrepublik an drei Voraussetzungen gebunden. Die Republik muss am Rande der Union liegen: würde sie von allen Seiten vom Territorium der UdSSR umgeben sein, so könnte sie »nach keiner Seite hin austreten«. Die Unionsrepublik muss ferner bevölkerungsmäßig eine kompakte Mehrheit derjenigen Nationalität aufweisen, die der Republik ihren Namen gab; diese Forderung ist deshalb zu stellen, weil nur eine Nation, die auf ihrem Territorium die Mehrheit darstellt, als Träger des Rechts auf Lostrennung in Betracht kommt. Schließlich ist unter den heutigen Verhältnissen noch eine gewisse Mindeststärke der Bevölkerung der Republik (nicht unter einer Million) als Voraussetzung für die Möglichkeit einer selbstständigen Existenz des Staates notwendig.

Gegenwärtig sind alle Sowjetrepubliken, welche die oben angeführten Merkmale aufweisen, in Unionsrepubliken umgewandelt worden. Das Vorhandensein nichtsouveräner nationaler Staatengebilde in der sowjetischen Föderation bedeutet nicht etwa, dass diesen Nationen das Selbstbestimmungsrecht genommen wäre, sondern bringt nur zum Ausdruck, dass sie unter den gegebenen objektiven Bedingungen ihr Selbstbestimmungsrecht nur in Form einer autonomen Staatlichkeit ausüben können.

Die Autonomen Republiken (gegenwärtig, 1947, 16 an der Zahl) sind sozialistische Sowjetstaaten der Arbeiter und Bauern. Die autonomen staatlichen Rechte dieser Republiken bestehen in folgendem: 1.) Die Autonome Republik hat ihre eigene Verfassung, die von dem Obersten Sowjet der Autonomen Republik angenommen und von Obersten Sowjet der Unionsrepublik genehmigt wird. 2.) Die Autonome Republik hat eigene oberste Organe der Staatsgewalt, der staatlichen Verwaltung und der Rechtspflege. 3.) Die Autonome Republik besitzt Elemente der Gebietshoheit: ihr Gebiet kann ohne ihre Zustimmung nicht geändert werden, sie hat über die Einteilung ihrer Republik in Bezirke sowie über die Grenzen der Bezirke und der Städte selbstständig zu befinden, wenngleich im letzteren Falle noch die Genehmigung der Unionsrepublik erforderlich ist. Diese Rechte ergeben sich aus dem nationalen Charakter der Autonomen Republik. Das Territorium der Autonomen Republik ist eines der Hauptelemente der nationalen Gemeinschaft des Volkes der Autonomen Republik. 4.) Die Autonome Republik verfügt über eigene Zuständigkeiten auf dem Gebiete der Gesetzgebung und der Verwaltung, und zwar handelt es sich hier um Befugnisse, die von der Autonomen Republik auf autonomer Grundlage, d.h. unter der Oberleitung und Kontrolle der Unionsrepublik, ausgeübt werden. 5.) Die Autonome Republik hat das Recht auf selbstständige Vertretung im Nationalitätensowjet der UdSSR. 6.) Die Autonome Republik ist im Präsidium des Obersten Sowjets der Unionsrepublik durch einen der Stellvertreter des Vorsitzenden des Präsidiums vertreten. 7.) Die Verwaltungsakte der Autonomen Republik sind mit einer besonderen Rechtsgarantie ausgestattet. Verordnungen und Verfügungen des Minister-rates der Autonomen Republik können nicht wie die Akte des Vollzugskomitees der Gau- und Gebietssowjets durch den Ministerrat der Unionsrepublik außer Kraft gesetzt werden. Für ihre Aufhebung bedarf es vielmehr eines Erlasses des Präsidiums des Obersten Sowjets der Unionsrepublik.

Das Autonome Gebiet (gegenwärtig gibt es deren 9) stellt ein nationalstaatliches Gebilde im Rahmen einer Unionsrepublik dar.

Das Autonome Gebiet besitzt eine weitgehende administrative Autonomie. Seine Rechte als autonomes Gebilde bestehen in folgendem: 1.) Das Autonome Gebiet hat eine eigene Satzung. Diese wird von seinem Sowjet der Werktätigen-Deputierten aufgestellt, und zwar unter Berücksichtigung der nationalen Besonderheiten des Gebietes. 2.) Das Autonome Gebiet genießt gewisse Territorialrechte: es hat über die Grenzen seiner Bezirke und Städte zu befinden, vorbehaltlich der Genehmigung seitens der Unionsrepublik.— Diese Rechte beruhen auf den gleichen Grundlagen wie die entsprechenden Rechte der Autonomen Republiken. 3.) Das Autonome Gebiet hat eine selbstständige Vertretung im Nationalitätensowjet. 4.) Die Akte des Autonomen Gebiets sind mit besonderer Rechtsgarantie ausgestaltet. Verordnungen und Beschlüsse des Sowjets der Werktätigen-Deputierten des Autonomen Gebietes können durch den Sowjet des Gaues, dem es angehört, nicht außer Kraft gesetzt werden. Hierzu bedarf es vielmehr eines Aktes des Präsidiums des Obersten Sowjets der Unionsrepublik.

Das gemeinsame Merkmal für alle Arten sowjetischer Autonomie besteht darin, dass Staatsapparat, Gericht, Presse, Theater, Literatur usw. auf die Muttersprache der Bevölkerung der jeweiligen Autonomen Republik oder des jeweiligen Autonomen Gebietes abgestellt sind. Die sowjetische Autonomie gewährleistet allen Sowjetvölkern, die Autonome Republiken und Autonome Gebiete bilden, völlige Freiheit in ihrer nationalen Entwicklung.

Die Grundrechte und Grundpflichten der Sowjetbürger

Die sowjetische Demokratie garantiert nicht nur die Souveränität der Völker und das Selbstbestimmungsrecht der Nationen, sondern auch die wahre Freiheit der Persönlichkeit. Ihren rechtlichen Ausdruck hat die Stellung der Persönlichkeit in der sozialistischen Gesellschaft und im sozialistischen Staat in den in der Verfassung niedergelegten Grundrechten und Grundpflichten der Sowjetbürger gefunden. Die sozialistische Gesellschaft ist es, in der erstmals die wahre Freiheit der Persönlichkeit ihre Festlegung und Verwirklichung finden konnte.

Der vorkapitalistische Staat beschränkte sich darauf, die elementaren Rechte der Persönlichkeit auf Leben und Besitz lediglich formell anzuerkennen. Diese Anerkennung bedeutete jedoch keine sichere rechtliche Garantie. Dazu kam sie nur den freien Mitgliedern der Gesellschaft, den Sklavenhaltern und den Besitzern von Leibeigenen zugute.—Der bürgerliche Staat rechnete auch die gesellschaftlichen und politischen Freiheiten zu den Persönlichkeitsrechten und verstärkte die Rechtsgarantien der Persönlichkeitsrechte, und zwar unter prinzipieller Gewährung dieser Rechte an alle Mitglieder der Gesellschaft. Die Garantien waren jedoch nur formaler Art. Sie reichten nicht aus, um den Besitzlosen und Ausgebeuteten, welche die Mehrheit der Bevölkerung im bürgerlichen Staat ausmachen, die Ausübung ihrer Rechte zu gewährleisten. Hinzu kommt, dass die Rechte der Bürger im bürgerlichen Staat durch Einschränkungen und Ausnahmen aller Art eingeengt und beschnitten werden.

Die sozialistischen Grundrechte der Bürger bedeuten einen gewaltigen Fortschritt in der Gerichte der menschlichen Freiheit. Der sozialistische Staat bereicherte die Zahl der Persönlichkeitsrechte um neue sozial-ökonomische Rechte als der Grundlage aller Rechte und Freiheiten der Bürger. Der Sowjetstaat beschränkt sich hierbei nicht darauf, diese Rechte formell zu proklamieren, sondern er verlegt den Schwerpunkt auf die Frage der materiellen Sicherung dieser Rechte, der Garantierung jener Mittel, die jedem Bürger die Ausübung der ihm eingeräumten Rechte ermöglichen. Im Sowjetstaat haben sämtliche Werktätigen, d.h. sämtliche Mitglieder der Gesellschaft, alle diese Persönlichkeitsrechte nicht nur formell, sondern auch tatsächlich.

Die Besonderheiten der sowjetischen Bürgerrechte beruhen auf dem Aufbau der sozialistischen Wirtschaft, auf der Beseitigung der Gegensätze zwischen Einzelperson und Gesellschaft. Die Anerkennung der Persönlichkeitsrechte durch den Sowjetstaat trägt nicht den Charakter eines erzwungenen Zugeständnisses, wie denn überhaupt der Staat bemüht ist, die Anwendung von Zwang auf ein Minimum zu reduzieren. Im Gegenteil, der Sowjetstaat selbst ergreift positive Maßnahmen, um den Bürgern die Ausübung ihrer Rechte zu gewährleisten.

Die Grundrechte der Sowjetbürger lassen sich in folgende Gruppen einteilen:

Die sozial-ökonomischen und die kulturellen Rechte. Es handelt sich hier um Rechte, die zu der höchsten Errungenschaft der Werktätigen des Sowjetstaates gehören.

Sie ermöglichen dem sowjetischen Bürger eine sowohl in materieller als auch in geistiger Hinsicht menschenwürdige Existenz und sichern ihm einen Lebensstandard, der mit der Entwicklung der Produktivkräfte der sozialistischen Gesellschaft ständig steigt. Die Rechte der sowjetischen Bürger basieren unmittelbar auf der wirtschaftlichen Grundlage der UdSSR, nämlich dem sozialistischen Wirtschaftssystem und dem sozialistischen Eigentum. Rechte dieser Art sind:

Das Recht auf Arbeit, d.h. das Recht auf garantierte Beschäftigung unter Entlohnung der Arbeit nach Quantität und Qualität. Gewährleistet wird dieses Recht durch die sozialistische Organisation der Volkswirtschaft, die die Möglichkeit von Wirtschaftskrisen und von Arbeitslosigkeit ausgeschlossen und die Voraussetzungen für das stetige Wachsen der Produktivkräfte der sowjetischen Gesellschaft geschaffen hat.

Das Recht auf Erholung. Es ist im Sowjetstaat gesetzlich gewährleistet, und zwar durch Verkürzung des Arbeitstages und durch Gewährung eines alljährlichen vollbezahlten Urlaubs für Arbeiter und Angestellte. Die faktische Ausübung dieses Rechts wird durch das in den Dienst der Werktätigen gestellte dichte Netz von Sanatorien, Erholungsheimen, Klubs, Kultur- und Erholungsparks usw. ermöglicht.

Das Recht auf materielle Versorgung im Alter sowie im Falle von Krankheit und Invalidität. Die weitgehende Entwicklung, die die Sozialversicherung der Arbeiter und Angestellten zu Lasten des Staates genommen hat, die besonderen Formen der Sozialversicherung in den Kollektivwirtschaften, die unentgeltliche ärztliche Betreuung der Werktätigen und das umfassende System der Renten für arbeitsunfähige Personen (Arbeits- und Kriegsinvaliden, Altersrenten, Unterstützungen für kinderreiche Mütter) garantieren dieses Recht. Seine faktische Ausübung wird durch das den Werktätigen zur Verfügung gestellte Netz von Bädern, Heilstätten usw.

ermöglicht.

Das persönliche Eigentumsrecht der Bürger an ihren Arbeitseinkünften und Ersparnissen, an ihrem Vermögen, das mit diesen Mitteln erworben wurde, sowie an ererbtem Vermögen.

Als Gegenstand dieses Rechts kommen in Betracht das Wohnhaus und die häusliche Nebenwirtschaft, die Hauswirtschafts- und die Haushaltungsgegenstände sowie die Gegenstände des persönlichen Bedarfs und der persönlichen Bequemlichkeit. Mit dem Eigentumsrecht ist das Recht verbunden, die Gegenstände des persönlichen Eigentums in der gesetzlich festgelegten Weise zu vererben.—Eine besondere Art des persönlichen Eigentums ist das persönliche Eigentum der Kolchosbauern an der mit ihrem Hof verbundenen Nebenwirtschaft, die sich auf die Nutzung des zum Kolchosbauernhof gehörenden Landes beschränkt, am Wohnhaus, am Nutzvieh, Geflügel und landwirtschaftlichen Kleininventar, und zwar nach Maßgabe des Statuts des landwirtschaftlichen Artels.

Das persönliche Eigentum wird durch die sowjetischen Zivil- und Strafgesetze garantiert. Die faktische materielle Garantie des persönlichen Eigentums sind das sozialistische Eigentum in seinen beiden Formen, die sozialistische Arbeit als die Hauptquelle für die materielle Existenz und den Wohlstand des sowjetischen Volkes, das Fehlen der Arbeitslosigkeit, die Ausübung des Rechtes auf Arbeit und die Verwirklichung des sozialistischen Grundsatzes: »Jeder nach seinen Fähigkeiten, jedem nach seiner Leistung«.

Das Recht auf Bildung. Die Ausübung dieses Rechts ermöglichen ein umfassendes Netz von jedem Werktätigen zugänglichen Elementarschulen, Mittelschulen und Hochschulen, staatliche Stipendien für Studenten mit guter Leistung. Erteilung des Schulunterrichts in der Muttersprache, Einrichtung unentgeltlicher technischer und landwirtschaftlicher Schulen für die Werktätigen, und zwar in Betrieben, Sowchosen, Maschinen- und Traktoren-Stationen und in Kollektivwirtschaften, sowie Schaffung von Ausbildungsmöglichkeiten für Arbeiter voll und ganz auf Kosten des Staates.

Die gesellschaftlichen und politischen Freiheiten. Die nächste, die zweite Gruppe von Rechten bilden die gesellschaftlichen und politischen Freiheiten. Sie ermöglichen die aktive und freie Teilnahme eines jeden Bürgers am politischen Leben des Landes. Sie basieren unmittelbar auf dem politischen Fundament des Sowjetstaates, nämlich dem Sowjetsystem, das die Werktätigen zu einer gewaltigen gesellschaftlichen und politischen Aktivität anregt und das sich auf diese Aktivität stützt.

Zu diesen Rechten gehören: *die Freiheit des Wortes, die Pressefreiheit, die Versammlungsfreiheit und die Demonstrationsfreiheit.* Diese Freiheiten werden den Bürgern der UdSSR in Übereinstimmung mit den Interessen der Werktätigen und zum Zweck der Festigung der sozialistischen Ordnung garantiert. In materieller Hinsicht werden sie dadurch gewährleistet, dass den Werktätigen und ihren Organisationen Druckereien, Papiervorräte, öffentliche Gebäude sowie Verkehrsmittel zur Verfügung gestellt und die sonstigen zur Ausübung dieser Rechte erforderlichen materiellen Bedingungen geschaffen werden.—Hierin kommt der krasse Unterschied zwischen den sowjetischen gesellschaftlichen und politischen Freiheiten und den bürgerlichen Freiheiten zum Ausdruck. Das Fehlen von materiellen Garantien im bürgerlichen Staat schränkt die Möglichkeit der Ausübung dieser Rechte durch die Werktätigen wesentlich ein, selbst wenn es sich um eine bürgerliche Demokratie handelt.

Das Recht, sich in gesellschaftlichen Organisationen zusammenzuschließen, d.h. in Gewerkschaften, genossenschaftlichen Vereinigungen, Jugendorganisationen, Sport- und Verteidigungsorganisationen, kulturellen, technischen und wissenschaftlichen Gesellschaften und in der politischen Partei—der Kommunistischen Partei der Sowjetunion (Bolschewiki). Die KPdSU(B) vereinigt die aktivsten und bewusstesten Bürger aus den Reihen der Arbeiterklasse und der anderen Schichten der Werktätigen, sie stellt den Vortrupp der Werktätigen in ihrem Kampf für die Festigung und Entwicklung der sozialistischen Ordnung dar, sie ist der leitende Kem aller gesellschaftlichen und staatlichen Organisationen der Werktätigen. Die Gewährung dieser Rechte an die Bürger der UdSSR erfolgt »in Übereinstimmung mit den Interessen der Werktätigen und zum Zweck der organisierten Eigeninitiative und der politischen Aktivität der Volksmassen« (Artikel 126 der Verfassung der UdSSR).

In der sowjetischen Gesellschaft, die keine antagonistischen Klassen kennt, ist für mehrere Parteien keine reale Grundlage gegeben. Das bestimmt die Stellung der Kommunistischen Partei als der einzigen Partei des Landes.

Das Wahlrecht als das Recht der Bürger, an der Wahl der Volksvertreter teilzunehmen und in die Organe der Staatsgewalt gewählt zu werden, ebenso wie das Recht, an der Abberufung von Deputierten mitzuwirken. (Über das Wahlrecht wurde bereits oben ausführlich berichtet.)

Zu den obengenannten Freiheiten gehört in gewissem Sinne auch die *Gewissensfreiheit.* Sie bedeutet Freiheit in der Verrichtung religiöser Handlungen, in der hierzu vorzunehmenden Bildung von religiösen Gemeinschaften oder Gruppen von Gläubigen, Kirchen und religiösen Sekten mit einer entsprechenden kirchlichen Organisation, aber auch Freiheit der antireligiösen Propaganda. Die Gewissensfreiheit wird durch die Trennung von Staat und Schule von der Kirche gewährleistet. Den Gemeinschaften und Gruppen der Gläubigen werden Gotteshäuser, Gebetshäuser, Kultgegenstände u.a. zu unentgeltlicher Nutzung überlassen; die kirchlichen Organisationen können Synoden einberufen. Schulen zur Ausbildung von Geistlichen einrichten, eigene Presseorgane besitzen usw.

Die Garantien der Unverletzlichkeit der Person. Die dritte Gruppe von Rechten bilden die Garantien der Unverletzlichkeit der Person. Hierzu gehören: *Unverletzlichkeit der Person.* Niemand kann anders als auf Grund eines Gerichtsbeschlusses oder mit Genehmigung des Staatsanwalts verhaftet werden. *Unverletzlichkeit der Wohnung der Bürger. Briefgeheimnis. Das Recht auf Verteidigung vor Gericht. Schutz des persönlichen Eigentums der Bürger.*

Die Garantien der Gleichberechtigung der Bürger. Die vierte Gruppe von Rechten garantiert die Gleichberechtigung der Bürger. Im Gegensatz zu den Ausbeuterstaaten, in denen gewisse Bevölkerungskategorien wegen ihrer Zugehörigkeit zu einer Klasse, Nationalität, Rasse, einem Glaubensbekenntnis oder einem Geschlecht oder wegen ihrer Vermögenslage von der Ausübung ihrer Rechte formell und faktisch ausgeschlossen werden, ist im Sowjetstaat die Gleichberechtigung aller Bürger, unabhängig von ihrer sozialen Lage oder ihrer Vermögenslage, von ihrem Geschlecht, ihrer Nationalität, ihrer Rasse oder ihrem Glaubensbekenntnis gewährleistet. In der Sowjetverfassung werden insbesondere hervorgehoben: a) die Gleichberechtigung von Mann und Frau auf allen Gebieten des wirtschaftlichen, staatlichen, kulturellen, gesellschaftlichen und politischen Lebens; ihre rechtliche und materielle Garantie erhält sie durch den staatlichen Schutz der Interessen von Mutter und Kind, durch Gewährung eines bezahlten Schwangerschaftsurlaubs, durch ein umfassendes Netz von Entbindungsheimen, Kinderkrippen und -gärten und durch staatliche Hilfe für kinderreiche und alleinstehende Mütter; b) die Gleichberechtigung der Bürger der UdSSR, unabhängig von ihrer Zugehörigkeit zu einer Rasse und Nationalität auf sämtlichen Gebieten des wirtschaftlichen, staatlichen, gesellschaftlichen und politischen

Lebens; sie wird rechtlich garantiert durch das Verbot jeder wie immer gearteten direkten oder indirekten Beschränkung der Rechte oder, umgekehrt, einer Festlegung direkter oder indirekter Bevorzugungen von Bürgern mit Rücksicht auf ihre Zugehörigkeit zu einer Rasse oder Nationalität, ebenso wie jeglicher Propagierung einer rassenmäßigen oder nationalen Exklusivität oder eines Rassen- oder Nationalitätenhasses und der Missachtung einer Rasse oder einer Nationalität. Die großzügige Hilfe, die den einst rückständigen Völkern vom Sowjetstaat zwecks Beseitigung der tatsächlichen wirtschaftlichen und kulturellen Ungleichheit zwischen den Nationalitäten zuteil wird, ist die materielle Garantie hierfür.

Das System der Grundrechte der Bürger und das der Grundpflichten bilden eine unlösbare Einheit. Die rechtliche Stellung der Persönlichkeit innerhalb der Gesellschaft wird durch die Gesamtheit ihrer Grundrechte und Grundpflichten bestimmt. Die Gleichheit der Bürger ist eine Gleichheit sowohl den Rechten als auch den Pflichten nach.

Die allgemeinen Bürgerpflichten, die sich aus der Tatsache der Zugehörigkeit zum Staat ergeben: hierzu gehören die Pflicht, die Verfassung zu beachten, die Gesetze zu befolgen, die Pflicht, das Vaterland zu verteidigen und Militärdienst in den Reihen der Streitkräfte des Sowjetstaates zu leisten. *Die Pflichten des Sowjetmenschen* als eines Mitglieds der Gesellschaft, nämlich seine Verpflichtung der Gesellschaft gegenüber ehrlich zu erfüllen und die Regeln des sozialistischen Gemeinschaftslebens zu achten. *Die Pflichten, die sich aus der sozialistischen Gesellschaftsordnung ergeben*—die Pflicht, Arbeitsdisziplin zu wahren, das gesellschaftliche sozialistische Eigentum als heilige und unverletzliche Grundlage der Sowjetordnung, als Quelle des Reichtums und der Macht der Heimat, als Quelle des Wohlstandes und des kulturellen Lebens aller Werktätigen zu hüten und zu festigen. Die Grundrechte und Grundpflichten der Bürger verkörpern die Grundsätze der Sowjetdemokratie als Demokratie höheren Typus, als eine das ganze Volk erfassende Demokratie— Prinzipien, die der gesamten staatlichen Ordnung der UdSSR zugrunde liegen.

Die staatliche Ordnung der UdSSR hat die schweren Prüfungen des Großen Vaterländischen Krieges 1941–1945 bestanden. Der Krieg war eine glänzende Bestätigung dafür, dass die organisatorischen Formen des Sowjetstaates nicht nur in Zeiten des friedlichen Aufbaus, sondern auch in Zeiten des Krieges von höchster Zweckmäßigkeit waren. Er war weiterhin eine glänzende Bestätigung für die unerschöpfliche Macht und für die Stabilität der staatlichen Ordnung der UdSSR; er hat ferner gezeigt, dass die staatliche Ordnung auf dem grenzenlosen Vertrauen und auf der vollen Unterstützung des gesamten sowjetischen Volkes beruht. Die Nachkriegsperiode hat von neuem Stärke und Macht der sowjetischen Ordnung erwiesen.

I. Lewin.

Nach: Lewin (1950/1952).

J.W. Stalin: REDE IN DER WÄHLERVERSAMMLUNG DES STALIN-WAHLBEZIRKS DER STADT MOSKAU AM 11. DEZEMBER 1937

Bolschoi-Theater

Genossen! Offen gestanden hatte ich nicht die Absicht, das Wort zu ergreifen. Aber unser verehrter Nikita Sergejewitsch[1] hat mich, man kann sagen, mit Gewalt hierher, in die Versammlung geschleppt: »Halte«, sagte er, »eine gute Rede«. Worüber sprechen, was für eine Rede? Alles, was vor den Wahlen zu sagen war, ist bereits in den Reden unserer führenden Genossen, der Genossen Kalinin, Molotow, Woroschilow, Kaganowitsch und vieler anderer verantwortlicher Genossen gesagt und abermals gesagt worden. Was kann man diesen Reden noch hinzufügen?

Einige Fragen der Wahlkampagne, so wird gesagt, bedürfen noch der Erläuterung. Was für Erläuterungen, zu welchen Fragen? Alles, was zu erläutern war, ist bereits erläutert und abermals erläutert worden in den bekannten Aufrufen der Partei der Bolschewiki, des Kommunistischen Jugendverbandes, des Zentralrates der Gewerkschaften der Sowjetunion, des Ossoawiachim, des Komitees für

1 **Die Red.:** Gemeint ist Nikita Sergejewitsch Chruschtschow (1894–1971).

Körperkultur. Was kann man diesen Erläuterungen noch hinzufügen?

Man könnte natürlich so eine Art Wald- und Wiesenrede halten, über alles und nichts. *(Heiterkeit.)* Es ist möglich, dass eine solche Rede die Zuhörer amüsieren würde. Man sagt, es gebe Meister in solchen Reden nicht nur drüben in den kapitalistischen Ländern, sondern auch bei uns, im Sowjetlande. *(Heiterkeit, Beifall.)* Aber erstens bin ich kein Meister in solchen Reden. Zweitens, lohnt es sich für uns, jetzt, wo wir Bolschewiki alle, wie man so sagt, »bis über die Ohren in der Arbeit stecken«, uns mit amüsanten Dingen zu befassen? Ich glaube, nein.

Es ist klar, dass man unter solchen Umständen schwerlich eine gute Rede halten kann.

Immerhin aber, da ich nun schon auf die Tribüne gekommen bin, muss ich natürlich, so oder anders, sei es auch nur etwas sagen. *(Lebhafter Beifall.)*

Vor allem möchte ich den Wählern danken *(Beifall)* für das Vertrauen, das sie mir erwiesen haben. *(Beifall.)*

Man hat mich als Deputiertenkandidaten aufgestellt, und die Wahlkommission des Stalin-Wahlbezirks der Sowjethauptstadt hat mich als Deputiertenkandidaten registriert. Das ist, Genossen, ein großes Vertrauen. Gestattet mir, euch meinen tiefgefühlten bolschewistischen Dank auszusprechen für das Vertrauen, das ihr der Partei der Bolschewiki, deren Mitglied ich bin, und mir persönlich, als Vertreter dieser Partei, erwiesen habt. *(Lebhafter Beifall.)*

Ich weiß, was Vertrauen heißt. Es erlegt mir natürlich neue, zusätzliche Verpflichtungen auf und folglich neue, zusätzliche Verantwortung. Nun denn, bei uns Bolschewiki ist es nicht üblich, sich der Verantwortung zu entziehen. Ich nehme sie gerne auf mich. *(Stürmischer, anhaltender Beifall.)*

Meinerseits, Genossen, möchte ich euch versichern, dass ihr euch getrost auf Genossen Stalin verlassen könnt.

(Stürmische, lange nicht enden wollende Ovation, Zuruf aus dem Saal: »Und wir alle stehen hinter Genossen Stalin!«) Ihr könnt darauf zählen, dass Genosse Stalin es verstehen wird, seine Pflicht zu erfüllen vor dem Volke *(Beifall)*, vor der Arbeiterklasse *(Beifall)*, vor der Bauernschaft *(Beifall)*, vor der Intelligenz. *(Beifall.)*

Weiter möchte ich euch, Genossen, beglückwünschen zu dem kommenden Fest des ganzen Volkes, dem Tag der Wahlen zum Obersten Sowjet der Sowjetunion. *(Lebhafter Beifall.)* Die bevorstehenden Wahlen sind nicht einfach Wahlen, Genossen. Das ist wirklich ein allgemeines Volksfest unserer Arbeiter, unserer Bauern, unserer Intelligenz. *(Stürmischer Beifall.)* Niemals noch in der Welt hat es solche wirklich freien und wirklich demokratischen Wahlen gegeben, niemals! Die Geschichte kennt kein zweites derartiges Beispiel. *(Beifall.)* Es handelt sich nicht darum, dass die Wahlen bei uns allgemeine, gleiche, geheime und direkte Wahlen sein werden, obwohl schon das an und für sich große Bedeutung hat. Es handelt sich darum, dass die allgemeinen Wahlen bei uns vor sich gehen werden als die allerfreiesten und allerdemokratischten Wahlen, verglichen mit den Wahlen in einem beliebigen anderen Lande der Welt.

Allgemeine Wahlen gibt es und kennt man auch in manchen kapitalistischen Ländern, in den sogenannten demokratischen Ländern. Aber unter was für Verhältnissen gehen dort die Wahlen vor sich? Unter den Verhältnissen der Klassenzusammenstöße, unter den Verhältnissen der Klassenfeindschaft, unter den Verhältnissen des Drucks der Kapitalisten, Gutsbesitzer, Bankiers und sonstigen Haifische des Kapitalismus auf die Wähler. Solche Wahlen kann man, selbst wenn sie allgemeine, gleiche, geheime und direkte Wahlen sind, keine völlig freien und völlig demokratischen Wahlen nennen.

Im Gegensatz dazu gehen bei uns, in unserem Lande, die Wahlen unter ganz anderen Verhältnissen vor sich. Bei uns gibt es keine Kapitalisten, keine Gutsbesitzer, folglich auch keinen Druck der besitzenden auf die besitzlosen Klassen. Bei uns gehen die Wahlen vor sich unter den Verhältnissen der Zusammenarbeit der Arbeiter, der Bauern, der Intelligenz, unter den Verhältnissen ihres gegenseitigen Vertrauens, unter den Verhältnissen, ich möchte sagen, ihrer gegenseitigen Freundschaft, weil es bei uns keine Kapitalisten, keine Gutsbesitzer, keine Ausbeutung gibt, und weil es ja eigentlich niemanden gibt, der einen Druck auf das Volk ausüben könnte, um seinen Willen zu verfälschen.

Eben darum sind unsere Wahlen die einzigen wirklich freien und wirklich demokratischen Wahlen in der ganzen Welt. *(Lebhafter Beifall.)*

Zu solchen freien und wirklich demokratischen Wahlen konnte es nur kommen auf dem Boden des Sieges der sozialistischen Ordnung, nur aufgrund der Tatsache, dass der Sozialismus bei uns nicht einfach aufgebaut wird, sondern bereits in das Dasein, in den Alltag des Volkes eingegangen ist. Vor etwa zehn Jahren hätte man noch darüber diskutieren können, ob man bei uns den Sozialismus aufbauen kann oder nicht. Heute ist das schon keine Diskussionsfrage mehr. Heute ist das eine Frage der Tatsachen, eine Frage des lebendigen Lebens, eine Frage des Alltags, die das ganze Leben des Volkes durchdringt. In unseren Fabriken und Werken wird ohne Kapitalisten gearbeitet. Geleitet wird die Arbeit von Menschen aus dem Volk. Eben das heißt bei uns Sozialismus in der Praxis. Auf unseren Feldern arbeiten die Werktätigen des Dorfes ohne Gutsbesitzer, ohne Kulaken. Geleitet wird die Arbeit von Menschen aus dem Volk. Eben das heißt bei uns Sozialismus im Alltag, eben das heißt bei uns freies, sozialistisches Leben.

Auf dieser Grundlage entstanden denn auch bei uns neue, wirklich freie und wirklich demokratische Wahlen,

Wahlen, die in der Geschichte der Menschheit ihresgleichen nicht kennen.

Wie sollte man euch nach alledem zu dem Triumphtag des ganzen Volkes nicht beglückwünschen, dem Tag der Wahlen zum Obersten Sowjet der Sowjetunion! *(Stürmische Ovation im Ganzen Saal.)*

Weiter möchte ich euch, Genossen, einen Rat geben, den Rat eines Deputiertenkandidaten an seine Wähler. Nimmt man die kapitalistischen Länder, so bestehen dort zwischen Deputierten und Wählern gewisse eigenartige, ich möchte sagen, ziemlich sonderbare Beziehungen. Solange die Wahlen im Gange sind, liebäugeln die Deputierten mit den Wählern, scharwenzeln vor ihnen, schwören ihnen Treue, geben einen Haufen aller möglichen Versprechungen. Es scheint, als sei die Abhängigkeit der Deputierten von den Wählern vollständig. Sobald aber die Wahlen stattgefunden und die Kandidaten sich in Deputierte verwandelt haben, ändern sich die Beziehungen von Grund aus. Statt der Abhängigkeit der Deputierten von den Wählern erweist es sich, dass sie völlig unabhängig sind. Für die Dauer von vier oder fünf Jahren, d.h. unmittelbar bis zu den neuen Wahlen, fühlt sich der Deputierte völlig frei, unabhängig vom Volke, von seinen Wählern. Er kann von einem Lager ins andere hinüberwechseln, er kann vom richtigen Wege auf einen falschen abgleiten, er kann sich sogar in gewisse Machinationen nicht ganz sauberen Charakters verstricken, er kann Purzelbäume schlagen wie es ihm beliebt—er ist unabhängig.

Kann man solche Beziehungen als normal betrachten? In keinem Fall, Genossen. Diesen Umstand hat unsere Verfassung berücksichtigt und hat ein Gesetz festgelegt, nach dem die Wähler das Recht haben, ihre Deputierten vor Ablauf der Frist abzuberufen, wenn sie Flausen zu machen beginnen, wenn sie vom Wege abweichen, wenn sie ihre Abhängigkeit vom Volk, von der Wählern, vergessen.

Das ist ein ausgezeichnetes Gesetz, Genossen. Der Deputierte muss wissen, dass er Diener des Volkes, sein Abgesandter im Obersten Sowjet ist, und er muss die Linie befolgen, die ihm durch den Auftrag des Volkes gegeben wurde. Weicht er vom Wege ab, so haben die Wähler das Recht, die Ansetzung neuer Wahlen zu fordern, und es ist ihr Recht, dem vom Wege abgewichenen Deputierten schleunigst den Laufpass zu geben. *(Heiterkeit, Beifall.)* Das ist ein ausgezeichnetes Gesetz. Mein Rat, der Rat eines Deputiertenkandidaten an seine Wähler ist, dieses Recht der Wähler nicht zu vergessen—das Recht, die Deputierten vor Ablauf der Frist abzuberufen, die Tätigkeit ihrer Deputierten zu verfolgen, sie zu kontrollieren und sie, sollte es ihnen einfallen, vom richtigen Wege abzuweichen, abzuschütteln und die Ansetzung neuer Wahlen zu fordern. Die Regierung ist verpflichtet, neue Wahlen anzusetzen. Mein Rat ist, dieses Gesetz nicht zu vergessen und davon gelegentlich Gebrauch zu machen.

Schließlich noch einen Rat eines Deputiertenkandidaten an seine Wähler. Was soll man überhaupt von seinen Deputierten fordern, wenn man aus allen möglichen Forderungen nur die allerelementarsten Forderungen herausgreift?

Die Wähler, das Volk, müssen von ihren Deputierten fordern, dass sie auf der Höhe ihrer Aufgaben bleiben; dass sie in ihrer Arbeit nicht auf das Niveau politischer Spießer hinabsinken; dass sie auf dem Posten von Politikern Leninschen Typus bleiben; dass sie Politiker von ebensolcher Klarheit und Bestimmtheit seien, wie Lenin es war *(Beifall)*; dass sie ebenso furchtlos im Kampfe und ebenso schonungslos gegen die Feinde des Volkes seien, wie Lenin es war *(Beifall)*; dass sie frei von jeder Panik seien, von jeder Spur einer Panik, wenn die Lage sich kompliziert und am Horizont sich irgendeine Gefahr abzeichnet, dass sie ebenso frei von jeder Spur einer Panik seien, wie Lenin davon frei war *(Beifall)*; dass sie bei der Entscheidung komplizierter Fragen, wo allseitige Orientierung und allseitige Erwägung jedes Für und Wider nötig ist, ebenso weise und bedachtsam seien, wie Lenin es war *(Beifall)*; dass sie ebenso wahrhaft und ehrlich seien, wie Lenin es war *(Beifall)*; dass sie ihr Volk ebenso lieben, wie Lenin es liebte. *(Beifall.)*

Können wir sagen, dass alle Deputiertenkandidaten Funktionäre eben dieser Art sind? Ich möchte das nicht sagen. Es gibt die verschiedensten Menschen auf der Welt, es gibt die verschiedensten Politiker auf der Welt. Es gibt Menschen, von denen man nicht sagen kann, wer sie sind, ob sie gut oder schlecht sind, ob sie tapfer oder feige, ob sie bis zum letzten für das Volk oder ob sie für die Feinde des Volkes sind. Es gibt solche Menschen, und es gibt solche Funktionäre. Es gibt sie auch bei uns, unter den Bolschewiki. Ihr wisst selbst, Genossen: keine Familie ohne Missratenen. *(Heiterkeit, Beifall.)* Über solche Menschen von unbestimmtem Typus, über Menschen, die eher an politische Spießer erinnern als an politische Funktionäre, über Menschen von solchem unbestimmten, verschwommenen Typus hat der große russische Schriftsteller Gogol recht treffend gesagt: »Leute sind's«, sagte er, »ganz unbestimmt, weder dies noch das, du weißt nicht, was es für Leute sind, weder sind sie in der Stadt Bogdan noch im Dorf Selifan«. *(Heiterkeit, Beifall.)* Von solchen unbestimmten Menschen und Funktionären sagt bei uns ebenfalls ziemlich treffend der Volksmund: »Der Mensch ist so, so, weder Fisch noch Fleisch«, *(allgemeine Heiterkeit, Beifall)*, »dem Herrgott keine Kerze und dem Teufel kein Schüreisen«. *(Allgemeine Heiterkeit, Beifall.)*

Ich kann nicht mit voller Überzeugung sagen, dass es unter den Deputiertenkandidaten (ich bitte sie natürlich sehr um Verzeihung) und unter unseren Funktionären nicht Leute gibt, die am ehesten an politische Spießer erinnern, die ihrem Charakter nach, ihrer ganzen Physiognomie nach an Menschen des Typus erinnern, von denen eben das Volk sagt: »Dem Herrgott keine Kerze und dem Teufel kein Schüreisen«. *(Heiterkeit, Beifall.)*

Ich möchte, Genossen, dass ihr eure Deputierten systematisch beeinflusst, dass ihr ihnen einschärft, das große Vorbild des großen Lenin stets vor Augen zu haben und Lenin in allem nachzueifern. *(Beifall.)*

Die Funktionen der Wähler enden nicht mit den Wahlen. Sie erstrecken sich über die ganze Periode des Bestehens des Obersten Sowjets einer gegebenen Legislaturperiode. Ich habe schon über das Gesetz gesprochen, das den Wählern das Recht gibt, ihre Deputierten vor Ablauf der Frist abzuberufen, wenn sie vom richtigen Weg abweichen. Pflicht und Recht der Wähler bestehen folglich darin, dass sie ihre Deputierten während der ganzen Zeit unter Kontrolle halten und ihnen einschärfen, in keinem Fall auf das Niveau politischer Spießer hinabzusinken, dass die Wähler ihren Deputierten einschärfen, so zu sein, wie der große Lenin war. *(Beifall.)*

Das, Genossen, ist mein zweiter Rat an euch, der Rat eines Deputiertenkandidaten an seine Wähler. *(Stürmischer, lange nicht enden wollender Beifall, der in eine Ovation übergeht. Alle erheben sich von den Plätzen und wenden ihre Blicke der Regierungsloge zu, in die sich Genosse Stalin begibt. Rufe:* »Dem großen Stalin ein Hurra!«, »Dem Genossen Stalin ein Hurra!«, »Es lebe Genosse Stalin, hurra!«, »Es lebe der erste Leninist—der Deputiertenkandidat zum Sowjet der Union—Genosse Stalin! Hurra!«)

Original veröffentlicht: »Prawda«, Nr. 340, 12. Dezember 1937. *Nach: Stalin (1937/1979).*

J.W. Stalin: REDE IN DER WÄHLERVERSAMMLUNG DES STALIN-WAHLBEZIRKS DER STADT MOSKAU AM 9. FEBRUAR 1946

Genossen! Seit den letzten Wahlen zum Obersten Sowjet sind acht Jahre vergangen. Diese Periode war reich an entscheidenden Ereignissen. Die ersten vier Jahre vergingen in angespannter Arbeit der Sowjetmenschen zur Verwirklichung des dritten Fünfjahrplans. Die darauffolgenden vier Jahre umfassen die Ereignisse des Krieges gegen die deutschen und japanischen Aggressoren, die Ereignisse des zweiten Weltkriegs. Zweifellos bildet der Krieg das Hauptmoment der verflossenen Periode.

Es wäre falsch, zu glauben, dass der zweite Weltkrieg zufällig oder infolge von Fehlern dieser oder jener Staatsmänner entstanden sei, obgleich es unbestreitbar Fehler gegeben hat. In Wirklichkeit war der Krieg ein unvermeidliches Ergebnis der Entwicklung der wirtschaftlichen und politischen Weltkräfte auf der Basis des modernen Monopolkapitalismus. Die Marxisten haben wiederholt erklärt, dass das kapitalistische Weltwirtschaftssystem die Elemente einer allgemeinen Krise und kriegerischer Zusammenstöße in sich birgt, dass infolgedessen die Entwicklung des Weltkapitalismus in unserer Zeit nicht in Form einer reibungslosen und gleichmäßigen Vorwärtsbewegung vor sich geht, sondern Krisen und Kriegskatastrophen durchmacht. Die Sache ist nämlich die, dass die ungleichmäßige Entwicklung der kapitalistischen Länder im Laufe der Zeit gewöhnlich zu einer jähen Störung des Gleichgewichts innerhalb des Weltsystems des Kapitalismus führt, wobei die Gruppe kapitalistischer Länder, die sich mit Rohstoffen und Absatzmärkten für weniger gut versorgt hält, gewöhnlich Versuche unternimmt, die Lage zu ändern und die »Einflusssphären« zu ihren Gunsten neu aufzuteilen—und zwar durch Anwendung von Waffengewalt. Das Ergebnis ist die Spaltung der kapitalistischen Welt in zwei feindliche Lager und der Krieg zwischen ihnen.

Man könnte vielleicht Kriegskatastrophen vermeiden, wenn die Möglichkeit bestünde, die Rohstoffe und Absatzmärkte unter den Ländern entsprechend ihrem wirtschaftlichen Gewicht, durch Annahme koordinierter und friedlicher Beschlüsse, periodisch neu aufzuteilen. Aber das lässt sich unter den gegenwärtigen kapitalistischen Entwicklungsbedingungen der Weltwirtschaft nicht verwirklichen.

So kam es infolge der ersten Krise des kapitalistischen Systems der Weltwirtschaft zum ersten Weltkrieg und infolge der zweiten Krise zum zweiten Weltkrieg.

Das heißt natürlich nicht, dass der zweite Weltkrieg eine Kopie des ersten ist. Im Gegenteil, der zweite Weltkrieg unterscheidet sich seinem Charakter nach wesentlich vom ersten. Man muss berücksichtigen, dass die ausschlaggebenden faschistischen Staaten—Deutschland, Japan, Italien—, ehe sie die verbündeten Länder überfielen, bei sich zu Hause die letzten Reste der bürgerlich-demokratischen Freiheiten vernichteten, bei sich zu Hause ein brutales Terrorregime aufrichteten, das Prinzip der Souveränität und freien Entwicklung der kleinen Länder mit Füßen traten, die Politik der Eroberung fremder Gebiete als ihre eigene Politik verkündeten und vor aller Welt erklärten, dass sie die Weltherrschaft und die Ausdehnung des faschistischen Regimes auf die ganze Welt anstreben, wobei die Achsenmächte durch die Annexion der Tschechoslowakei und der Zentralgebiete Chinas zeigten, dass sie bereit sind, ihre Drohung wahrzumachen, d.h. alle freiheitliebenden Völker zu versklaven. Infolgedessen nahm der zweite Weltkrieg gegen die Achsenmächte, zum Unterschied vom ersten Weltkrieg, gleich von Anfang an den Charakter eines antifaschistischen, eines Befreiungskrieges an, dessen eine Aufgabe denn auch die Wiederherstellung der demokratischen Freiheiten war. Der Eintritt der Sowjetunion in den Krieg gegen die Achsenmächte konnte den antifaschistischen und Befreiungscharakter des zweiten Weltkrieges lediglich verstärken und hat ihn auch tatsächlich verstärkt.

Eben auf dieser Grundlage bildete sich die antifaschistische Koalition der Sowjetunion, der Vereinigten Staaten von Amerika, Großbritanniens und der anderen freiheitliebenden Staaten, die dann für die Zerschmetterung der Streitkräfte der Achsenmächte von entscheidender Bedeutung war.

So ist es um die Frage des Ursprungs und Charakters des zweiten Weltkrieges bestellt.

Jetzt dürften alle anerkennen, dass der Krieg tatsächlich kein Zufall im Leben der Völker war und es auch nicht sein konnte, dass er in der Tat zu einem Krieg der Völker um ihre Existenz wurde und dass er gerade deshalb kein kurzfristiger, kein Blitzkrieg sein konnte.

Was unser Land betrifft, so war dieser Krieg der grausamste und schwerste von allen Kriegen, die es in der Geschichte unseres Heimatlandes je gegeben hat.

Aber der Krieg war nicht nur ein Fluch. Er war gleichzeitig eine große Schule der Prüfung und eine Bewährungsprobe für alle Kräfte des Volkes. Der Krieg hat alle Tatsachen und Ereignisse im Hinterland und an der Front bloßgelegt, er hat erbarmungslos alle Schleier und Hüllen heruntergerissen, die das wahre Gesicht der Staaten, Regierungen und Parteien verdeckten, und hat sie ohne Maske, ohne

Schminke, mit allen ihren Mängeln und Vorzügen auf die Bühne gestellt. Der Krieg brachte eine Art Examen für unsere Sowjetordnung, unseren Staat, unsere Regierung, unsere Kommunistische Partei und zog das Fazit ihrer Arbeit, als wollte er uns sagen: da sind sie, eure Menschen und Organisationen, ihre Taten und ihr Leben—schaut sie euch aufmerksam an und würdigt sie nach ihren Werken.

Darin liegt eine der positiven Seiten des Krieges.

Für uns, für die Wähler, ist dieser Umstand von großer Bedeutung, denn er hilft uns, die Tätigkeit der Partei und ihrer Menschen schnell und objektiv zu werten und die richtigen Schlussfolgerungen zu ziehen. Zu anderer Zeit müsste man die Reden und Berichte der Vertreter der Partei studieren, sie analysieren, ihre Worte mit ihren Taten vergleichen, das Fazit ziehen und dergleichen mehr. Das erfordert eine komplizierte und schwierige Arbeit, wobei man keine Gewähr hat, dass nicht Fehler begangen werden. Anders liegen die Dinge jetzt, da der Krieg beendet ist, da der Krieg selbst die Arbeit unserer Organisationen und Leiter überprüft und das Fazit dieser Arbeit gezogen hat. Jetzt ist es für uns viel leichter, uns zurechtzufinden und zu den richtigen Schlüssen zu gelangen.

Welches sind also die Ergebnisse des Krieges?

Es gibt ein Hauptergebnis, auf Grund dessen alle anderen Ergebnisse entstanden sind. Dieses Ergebnis besteht darin, dass unsere Feinde bei Kriegsausgang eine Niederlage erlitten haben, wir aber und unsere Verbündeten die Sieger geblieben sind. Wir haben den Krieg mit dem vollen Sieg über unsere Feinde beendet—das ist das Hauptergebnis des Krieges. Doch das ist ein zu allgemeines Ergebnis, und wir können hier keinen Punkt setzen. Gewiss, die Feinde schlagen, in einem Krieg wie dem zweiten Weltkrieg, in einem Krieg, wie es ihn in der Geschichte der Menschheit noch nicht gegeben hat, das heißt einen weltgeschichtlichen Sieg erringen. Das alles ist richtig. Aber das ist doch nur das allgemeine Ergebnis, und wir können uns damit nicht zufriedengeben. Um die große historische Bedeutung unseres Sieges zu begreifen, muss man diese Frage konkreter untersuchen.

Wie ist also unser Sieg über die Feinde zu verstehen, was kann dieser Sieg vom Gesichtspunkt des Zustandes und der Entwicklung der inneren Kräfte unseres Landes bedeuten?

Unser Sieg bedeutet vor allem, dass unsere sowjetische *Gesellschaftsordnung* gesiegt hat, dass die sowjetische Gesellschaftsordnung die Feuerprobe des Krieges mit Erfolg bestanden und ihre volle Lebensfähigkeit bewiesen hat.

Bekanntlich wurde in der Auslandspresse wiederholt behauptet, die sowjetische Gesellschaftsordnung sei ein zum Scheitern verurteiltes »gewagtes Experiment«, die Sowjetordnung stelle ein »Kartenhaus« dar ohne ein lebenskräftiges Fundament, sie sei dem Volk durch die Organe der Tscheka aufgezwungen worden, und ein kleiner Stoß von außen genüge, damit dieses »Kartenhaus« zusammenfällt.

Jetzt dürfen wir sagen, dass der Krieg alle diese Behauptungen der Auslandspresse als haltlos über den Haufen geworfen hat. Der Krieg hat gezeigt, dass die sowjetische Gesellschaftsordnung eine wahrhafte Volksordnung darstellt, die aus dem Schoße des Volkes emporgewachsen ist und seine mächtige Unterstützung genießt, dass die sowjetische Gesellschaftsordnung eine durchaus lebensfähige und stabile Form der Gesellschaftsorganisation ist.

Mehr noch. Jetzt ist die Rede schon nicht mehr davon, ob die sowjetische Gesellschaftsordnung lebensfähig ist oder nicht, denn nach den anschaulichen Lehren des Krieges wagt es kein Skeptiker mehr, Zweifel an der Lebensfähigkeit der sowjetischen Gesellschaftsordnung zu äußern. Jetzt ist die Rede davon, dass die sowjetische Gesellschaftsordnung erwiesenermaßen lebensfähiger und stabiler ist als die nichtsowjetische Gesellschaftsordnung, dass die sowjetische Gesellschaftsordnung eine bessere Form der Gesellschaftsorganisation ist als jede nichtsowjetische Gesellschaftsordnung.

Unser Sieg bedeutet zweitens, dass unsere sowjetische *Staatsordnung* gesiegt hat, dass unser sowjetischer Nationalitätenstaat alle Prüfungen des Krieges bestanden und seine Lebensfähigkeit bewiesen hat.

Bekanntlich haben sich angesehene Vertreter der Auslandspresse wiederholt in dem Geiste geäußert, der sowjetische Nationalitätenstaat stelle ein »künstliches und nicht lebensfähiges Gebilde« dar, im Falle irgendwelcher Komplikationen sei der Zerfall der Sowjetunion unabwendbar und der Sowjetunion sei das Schicksal Österreich-Ungarns beschieden.

Jetzt dürfen wir sagen, dass der Krieg diese Erklärungen der Auslandspresse als völlig unbegründet widerlegt hat. Der Krieg hat gezeigt, dass die viele Nationen umfassende sowjetische Staatsordnung die Prüfung mit Erfolg bestanden hat, im Krieg noch weiter erstarkt ist und sich als eine durchaus lebensfähige Staatsordnung erwiesen hat. Diese Herren begriffen nicht, dass die Analogie mit Österreich-Ungarn nicht Stich hält, denn unser Nationalitätenstaat ist nicht auf bürgerlicher Grundlage gewachsen, die die Gefühle nationalen Argwohns und nationaler Feindschaft stimuliert, sondern auf sowjetischer Grundlage, die im Gegenteil die Gefühle der Freundschaft und der brüderlichen Zusammenarbeit zwischen den Völkern unseres Staates kultiviert.

Übrigens wagen es diese Herren nach den Lehren des Krieges nicht mehr, die Lebensfähigkeit der sowjetischen Staatsordnung zu bestreiten. Jetzt ist die Rede nicht mehr von der Lebensfähigkeit der sowjetischen Staatsordnung, denn diese Lebensfähigkeit unterliegt keinem Zweifel. Jetzt ist davon die Rede, dass sich die sowjetische Staatsordnung als Vorbild eines Nationalitätenstaates erwiesen hat, dass die sowjetische Staatsordnung ein System der Staatsorganisation darstellt, worin die nationale Frage und das Problem der Zusammenarbeit der Nationen besser gelöst ist als in irgendeinem anderen Nationalitätenstaat.

Unser Sieg bedeutet drittens, dass die Streitkräfte der Sowjetunion gesiegt haben, dass unsere Rote Armee gesiegt hat, dass die Rote Armee alle Unbilden des Krieges heldenhaft ertragen, unsere Feinde aufs Haupt geschlagen hat und aus dem Krieg als Sieger hervorgegangen ist. *(Zuruf:* »Unter Führung des Genossen Stalin!« *Alle erheben sich von den Plätzen. Stürmischer, lange nicht enden wollender Beifall, der in eine Ovation übergeht.)*

Jetzt erkennen alle, Freund wie Feind, an, dass die Rote Armee sich ihren großen Aufgaben gewachsen gezeigt hat. Anders aber lagen die Dinge vor etwa sechs Jahren, in der Vorkriegsperiode. Bekanntlich erklärten namhafte Vertreter der Auslandspresse und viele anerkannte Militärfachleute im Ausland wiederholt, dass der Zustand der Roten Armee große Bedenken erwecke, dass die Rote Armee schlecht bewaffnet sei und kein richtiges Kommandeurkorps habe, dass ihre Moral unter aller Kritik sei, dass sie vielleicht für die Verteidigung tauge, für die Offensive aber untauglich sei, dass die Rote Armee beim Losschlagen der deutschen Truppen wie ein »Koloss auf tönernen Füßen« zusammenbrechen müsse. Solche Erklärungen wurden nicht nur in Deutschland, sondern auch in Frankreich, England und Amerika abgegeben.

Jetzt dürfen wir sagen, dass dieser Krieg all diese Erklärungen als unbegründet und lächerlich über den Haufen geworfen hat. Der Krieg hat gezeigt, dass die Rote Armee kein »Koloss auf tönernen Füßen«, sondern eine erstklassige Armee, eine Armee unserer Zeit ist, die eine durchaus moderne Bewaffnung, ein höchst erfahrenes Kommandeurkorps, eine hohe Moral und einen vorzüglichen Kampfgeist besitzt. Man darf nicht vergessen, dass die Rote Armee eben die Armee ist, die das deutsche Heer, das gestern noch die Armeen der europäischen Staaten in Schrecken setzte, aufs Haupt geschlagen hat.

Es muss vermerkt werden, dass die »Kritiker« der Roten Armee immer rarer werden. Mehr noch. Die Auslandspresse bringt immer häufiger Äußerungen, in denen die hohen Eigenschaften der Roten Armee, das meisterhafte Können ihrer Soldaten und Kommandeure, ihre tadellose Strategie und Taktik hervorgehoben werden. Das ist auch begreiflich. Nach den glänzenden Siegen der Roten Armee bei Moskau und Stalingrad, bei Kursk und Belgorod, bei Kiew und Kirowograd, bei Minsk und Bobruisk, bei Leningrad und Tallinn, bei Jassy und Lwow, an der Weichsel und am Njemen, an der Donau und an der Oder, bei Wien und Berlin—nach alledem kann man nicht umhin anzuerkennen, dass die Rote Armee eine erstklassige Armee ist, von der man vieles lernen kann. *(Stürmischer Beifall.)*

So verstehen wir konkret den Sieg unseres Landes über seine Feinde.

Das sind im Wesentlichen die Ergebnisse des Krieges.

Es wäre falsch, zu glauben, dass man einen solchen historischen Sieg ohne vorhergehende Vorbereitung des ganzen Landes für die aktive Verteidigung erringen könnte. Nicht weniger falsch wäre es, anzunehmen, dass eine solche Vorbereitung in kurzer Frist, im Laufe von etwa drei, vier Jahren vorgenommen werden könnte. Noch abwegiger wäre es, zu behaupten, wir hätten den Sieg lediglich dank der Tapferkeit unserer Truppen errungen. Ohne Tapferkeit ist es natürlich unmöglich, den Sieg zu erringen. Aber Tapferkeit allein ist nicht ausreichend, um einen Feind zu überwinden, der eine zahlenmäßig starke Armee, erstklassige Waffen, gut ausgebildete Offizierskader und eine nicht schlecht organisierte Versorgung besitzt. Um den Schlag eines solchen Feindes aufzufangen, ihm eine Abfuhr zu erteilen und ihm dann eine volle Niederlage beizubringen—dafür brauchte man außer der beispiellosen Tapferkeit unserer Truppen durchaus moderne Waffen, und zwar in ausreichender Menge, sowie eine gut organisierte Versorgung, gleichfalls in genügendem Ausmaße. Dafür brauchte man jedoch auch—und zwar in ausreichender Menge—solche elementaren Dinge wie: *Metall* für die Erzeugung von Waffen, Geräten und Betriebseinrichtungen; *Brennstoff* für die Aufrechterhaltung der Arbeit der Betriebe und des Verkehrs; *Baumwolle* für die Herstellung von Bekleidung; *Getreide* für die Versorgung der Armee.

Darf man nun behaupten, dass unser Land bereits vor dem Eintritt in den zweiten Weltkrieg über die minimal notwendigen materiellen Möglichkeiten verfügte, die erforderlich sind, um diese Bedürfnisse im Großen und Ganzen zu befriedigen? Ich glaube, man darf das behaupten. Zur Vorbereitung dieses grandiosen Unternehmens bedurfte es der Verwirklichung von drei Fünfjahrplänen für die Entwicklung der Volkswirtschaft. Gerade diese drei Fünfjahrpläne haben uns geholfen, diese materiellen Möglichkeiten zu schaffen. Jedenfalls war in dieser Hinsicht die Lage unseres Landes vor dem zweiten Weltkrieg, im Jahre 1940, um ein Vielfaches besser als vor dem ersten Weltkrieg, im Jahre 1913.

Über welche materiellen Möglichkeiten verfügte unser Land vor dem zweiten Weltkrieg?

Um Ihnen zu helfen, sich in dieser Sache zurechtzufinden, muss ich hier einen kurzen Bericht geben über die Tätigkeit der Kommunistischen Partei bei der Vorbereitung unseres Landes auf die aktive Verteidigung.

Nimmt man die Angaben für 1940, den Vorabend des zweiten Weltkriegs, und vergleicht man sie mit den Angaben für 1913, den Vorabend des ersten Weltkriegs, so erhalten wir folgendes Bild:

Im Jahre 1913 wurden in unserem Lande 4,22 Millionen Tonnen *Roheisen,* 4,23 Millionen Tonnen *Stahl,* 29 Millionen Tonnen *Kohle,* 9 Millionen Tonnen *Erdöl,* 21,6

Millionen Tonnen *Marktgetreide* und 740.000 Tonnen *Rohbaumwolle* erzeugt.

Das waren die materiellen Möglichkeiten unseres Landes, mit denen es in den ersten Weltkrieg eintrat.

Das war die wirtschaftliche Basis des alten Russlands, die für die Kriegführung in Frage kam.

Was das Jahr 1940 betrifft, so wurden in diesem Jahr in unserem Lande erzeugt: 15 Millionen Tonnen *Roheisen,* d.h. fast viermal so viel wie 1913; 18,3 Millionen Tonnen *Stahl,* d.h. viereinhalbmal so viel wie 1913; 166 Millionen Tonnen *Kohle,* d.h. fünfeinhalbmal so viel wie 1913; 31 Millionen Tonnen *Erdöl,* d.h. dreieinhalbmal so viel wie 1913; 38,3 Millionen Tonnen *Marktgetreide,* d.h. 17 Millionen Tonnen mehr als 1913; 2,7 Millionen Tonnen *Rohbaumwolle,* d.h. dreieinhalbmal so viel wie 1913.

Das waren die materiellen Möglichkeiten unseres Landes, mit denen es in den zweiten Weltkrieg eintrat.

Das war die wirtschaftliche Basis der Sowjetunion, die für die Kriegführung in Frage kam.

Der Unterschied ist, wie Sie sehen, kolossal.

Ein derartiges beispielloses Anwachsen der Produktion kann man nicht als einfache und gewöhnliche Entwicklung des Landes von der Rückständigkeit zum Fortschritt betrachten. Das war ein Sprung, durch den unser Vaterland aus einem rückständigen Lande zu einem fortschrittlichen, aus einem Agrarland zu einem Industrieland wurde.

Diese historische Umwandlung wurde im Laufe von drei Planjahrfünften vollzogen, angefangen vom Jahre 1928, dem ersten Jahre des ersten Fünfjahrplans. Bis dahin mussten wir uns mit der Wiederherstellung der zerstörten Industrie und mit der Heilung der Wunden befassen, die uns der erste Weltkrieg und der Bürgerkrieg geschlagen hatten. Berücksichtigt man dabei den Umstand, dass der erste Fünfjahrplan in vier Jahren erfüllt und dass die Durchführung des dritten Fünfjahrplans im vierten Jahr seiner Realisierung durch den Krieg unterbrochen wurde, so ergibt sich, dass insgesamt etwa dreizehn Jahre erforderlich waren, um unser Land aus einem Agrarland in ein Industrieland zu verwandeln.

Man kann nicht umhin anzuerkennen, dass eine Frist von dreizehn Jahren für die Verwirklichung eines so grandiosen Werkes eine unglaublich kurze Frist ist.

Damit ist es denn auch zu erklären, dass die Veröffentlichung dieser Ziffern seinerzeit in der Auslandspresse einen stürmischen Stimmenwirrwarr hervorrief. Die Freunde entschieden, es sei ein »Wunder« geschehen. Die Übelwollenden dagegen erklärten, die Fünfjahrpläne seien »bolschewistische Propaganda« und »Kunststücke der Tscheka«. Da es aber in der Welt keine Wunder gibt und die Tscheka nicht so stark ist, um die Gesetze der gesellschaftlichen Entwicklung aufheben zu können, musste sich die »öffentliche Meinung« im Ausland mit den Tatsachen abfinden.

Durch welche Politik gelang es der Kommunistischen Partei, diese materiellen Möglichkeiten im Lande in einer so kurzen Frist sicherzustellen?

Vor allem durch die sowjetische Politik der Industrialisierung des Landes.

Die sowjetische Methode der Industrialisierung des Landes unterscheidet sich radikal von der kapitalistischen Industrialisierungsmethode. In den kapitalistischen Ländern beginnt die Industrialisierung gewöhnlich mit der Leichtindustrie. Da in der Leichtindustrie im Vergleich zur Schwerindustrie geringere Investitionen erforderlich sind, das Kapital schneller umschlägt und sich leichter Profit erzielen lässt, so wird die Leichtindustrie dort zum ersten Objekt der Industrialisierung. Erst nach geraumer Zeit, in deren Verlauf die Leichtindustrie die Profite akkumuliert und sie in den Banken konzentriert, erst danach kommt die Schwerindustrie an die Reihe, und es beginnt das allmähliche Hinüberpumpen des akkumulierten Kapitals in die Schwerindustrie, um die Voraussetzungen für ihre Entfaltung zu schaffen. Das ist jedoch ein langwieriger Prozess, der eine geraume Zeit von mehreren Jahrzehnten erfordert, in deren Verlauf man auf den Ausbau der Leichtindustrie warten und ohne Schwerindustrie ein kümmerliches Dasein führen muss. Es ist verständlich, dass die Kommunistische Partei diesen Weg nicht beschreiten konnte. Die Partei wusste, dass der Krieg näherrückt, dass es unmöglich ist, das Land ohne eine Schwerindustrie zu verteidigen, dass die Entwicklung der Schwerindustrie möglichst schnell in Angriff genommen werden muss, dass hier Verspätung verlorenes Spiel bedeutet. Die Partei gedachte der Worte Lenins, dass es ohne Schwerindustrie unmöglich ist, die Unabhängigkeit des Landes zu behaupten, dass ohne sie die Sowjetordnung zugrunde gehen kann. Darum hat die Kommunistische Partei unseres Landes den »üblichen« Weg der Industrialisierung verworfen und die Industrialisierung des Landes mit der Entwicklung der Schwerindustrie begonnen. Das bereitete große Schwierigkeiten, aber keine unüberwindlichen. Dieses Werk wurde erheblich gefördert durch die Nationalisierung der Industrie und der Banken, die eine schnelle Ansammlung von Mitteln und ihr Hinüberpumpen in die Schwerindustrie ermöglichte.

Es kann kein Zweifel bestehen, dass es sonst unmöglich gewesen wäre, die Umgestaltung unseres Landes zu einem Industrieland in so kurzer Frist zu erreichen.

Zweitens durch die Politik der Kollektivierung der Landwirtschaft.

Um mit unserer Rückständigkeit auf dem Gebiete der Landwirtschaft Schluss zu machen und dem Lande mehr Marktgetreide, mehr Baumwolle usw. liefern zu können, musste man von dem bäuerlichen Kleinbetrieb zur Großwirtschaft übergehen, denn nur die Großwirtschaft hat die Möglichkeit, die neue Technik anzuwenden, alle Errungenschaften der Agronomie auszunutzen und mehr Produkte für den Markt zu liefern. Aber es gibt zweierlei Großbetriebe: kapitalistische und kollektive. Die Kommunistische Partei konnte den kapitalistischen Entwicklungsweg der Landwirtschaft nicht beschreiten, und zwar nicht nur aus prinzipiellen Erwägungen, sondern auch, weil dieser Weg zu viel Zeit erfordert und den vorhergehenden Ruin der Bauern, ihre Verwandlung in Tagelöhner voraussetzt. Darum hat die Kommunistische Partei den Weg der Kollektivierung der Landwirtschaft beschritten, den Weg der Schaffung landwirtschaftlicher Großbetriebe durch Zusammenschluss der Bauernwirtschaften in Kollektivwirtschaften. Die Methode der Kollektivierung hat sich als eine im höchsten Maße fortschrittliche Methode erwiesen, nicht nur, weil sie eine Verelendung der Bauern nicht erforderte, sondern insbesondere auch deshalb, weil sie die Möglichkeit bot, in wenigen Jahren das ganze Land mit großen Kollektivwirtschaften zu überziehen, die imstande sind, die neue Technik anzuwenden, alle Errungenschaften der Agronomie auszunutzen und dem Lande mehr Produkte für den Markt zu liefern.

Es besteht kein Zweifel, dass wir ohne die Politik der Kollektivierung nicht imstande gewesen wären, mit der jahrhundertealten Rückständigkeit unserer Landwirtschaft in einer so kurzen Frist Schluss zu machen.

Man kann nicht sagen, dass die Politik der Partei auf keinen Widerstand gestoßen wäre. Nicht nur rückständige Leute, die sich immer allem Neuen verschließen, sondern auch viele angesehene Parteimitglieder suchten systematisch die Partei zurückzuschleppen und waren mit allen Mitteln bemüht, sie auf den »üblichen« kapitalistischen Entwicklungsweg hinunterzuzerren. Alle parteifeindlichen Machenschaften der Trotzkisten und der Rechten, ihre ganze »Arbeit«, die die Sabotage der Maßnahmen unserer Regierung bezweckte, verfolgten ein einziges Ziel: die Politik der Partei zu durchkreuzen und die Industrialisierung und Kollektivierung zu bremsen. Aber die Partei hat weder den Drohungen der einen noch dem Gejammer der anderen nachgegeben, sondern schritt sicher und unbeirrt vorwärts. Das Verdienst der Partei besteht darin, dass sie sich nicht nach den Rückständigen richtete, sich nicht fürchtete, gegen den Strom zu schwimmen, und dass sie die ganze Zeit hindurch ihre führende Position behauptete. Es kann kein Zweifel bestehen, dass die Kommunistische Partei ohne diese Standhaftigkeit und Ausdauer nicht in der Lage gewesen wäre, die Politik der Industrialisierung des Landes und der Kollektivierung der Landwirtschaft mit Erfolg zu verteidigen.

Hat es die Kommunistische Partei verstanden, die auf diese Weise geschaffenen materiellen Möglichkeiten richtig auszunutzen, um die Rüstungsindustrie auszubauen und die Rote Armee mit der notwendigen Rüstung zu versorgen?

Ich glaube, sie hat es verstanden, und zwar mit maximalem Erfolg.

Wenn man vom ersten Kriegsjahr absieht, als die Evakuierung der Industrie nach dem Osten die Entfaltung der Kriegsproduktion hemmte, so hat es die Partei in den übrigen drei Kriegsjahren verstanden, Erfolge zu erzielen, die ihr die Möglichkeit boten, die Front nicht nur in ausreichendem Maße mit Geschützen, Maschinengewehren, Gewehren, Flugzeugen, Panzern und Munition zu versorgen, sondern auch Reserven zu akkumulieren. Dabei ist bekannt, dass unsere Waffen qualitativ den deutschen nicht nur nicht nachstanden, sondern sie im Allgemeinen sogar übertrafen.

Bekannt ist, dass unsere Panzerindustrie in den letzten drei Kriegsjahren im Durchschnitt mehr als 30.000 Panzer, Sturmgeschütze und Panzerkraftwagen jährlich erzeugte. *(Stürmischer Beifall.)*

Bekannt ist ferner, dass unsere Flugzeugindustrie während derselben Zeit etwa 40.000 Flugzeuge jährlich erzeugte. *(Stürmischer Beifall.)*

Bekannt ist auch, dass unsere Geschützindustrie während derselben Zeitspanne jährlich etwa 120.000 Geschütze aller Kaliber *(stürmischer Beifall)*, an die 450.000 leichte und schwere Maschinengewehre *(stürmischer Beifall)*, mehr als drei Millionen Gewehre *(Beifall)* und etwa zwei Millionen Maschinenpistolen erzeugte. *(Beifall.)*

Bekannt ist schließlich, dass unsere Granatwerferindustrie in den Jahren 1942 bis 1944 im Durchschnitt etwa 100.000 Granatwerfer jährlich erzeugte. *(Stürmischer Beifall.)*

Es ist verständlich, dass gleichzeitig die entsprechende Menge Artilleriegeschosse, Minen verschiedener Art, Fliegerbomben, Gewehr- und MG-Patronen erzeugt wurde.

Bekannt ist zum Beispiel, dass allein 1944 mehr als 240 Millionen Geschosse, Bomben und Minen *(Beifall)* und 7,4 Milliarden Patronen erzeugt wurden. *(Stürmischer Beifall.)*

Das ist in allgemeinen Zügen das Bild der Versorgung der Roten Armee mit Waffen und Munition.

Wie Sie sehen, gleicht dieses Bild nicht dem Bild, das die Versorgung unserer Armee im ersten Weltkrieg bot, als die Front unter einem chronischen Mangel an Geschützen und Geschossen litt, als die Armee ohne Panzer und Flugzeuge kämpfen musste, als je drei Soldaten *ein* Gewehr ausgehändigt wurde.

Was die Versorgung der Roten Armee mit Lebensmitteln und Bekleidung betrifft, so ist es allen bekannt, dass die Front in dieser Hinsicht nicht nur keinen Mangel kannte, sondern sogar über die nötigen Reserven verfügte.

So verhält es sich mit der Tätigkeit der Kommunistischen Partei unseres Landes in der Periode vor Kriegsbeginn und während des Krieges selbst.

Jetzt einige Worte über die Arbeitspläne der Kommunistischen Partei für die nächste Zukunft. Bekanntlich werden diese Pläne im neuen Fünfjahrplan entwickelt, der demnächst bestätigt werden soll. Die Hauptaufgaben des neuen Fünfjahrplans bestehen darin, die verheerten Bezirke unseres Landes wiederherzustellen, in Industrie und Landwirtschaft den Vorkriegsstand wieder zu erreichen und dann diesen Stand in einem mehr oder minder bedeutenden Ausmaß zu überschreiten. Schon abgesehen davon, dass in nächster Zeit das Kartensystem aufgehoben werden wird *(stürmischer, langanhaltender Beifall),* wird mit besonderer Aufmerksamkeit gearbeitet werden an der Erweiterung der Produktion von Massenbedarfsartikeln, der Hebung des Lebensstandards der Werktätigen durch fortschreitende Senkung aller Warenpreise *(stürmischer, langanhaltender Beifall)* sowie der großzügigen Schaffung von wissenschaftlichen Forschungsinstituten aller Art *(Beifall),* die der Wissenschaft die Möglichkeit geben können, ihre Kräfte zu entfalten. *(Stürmischer Beifall.)*

Ich zweifle nicht, dass unsere Gelehrten, wenn wir ihnen die erforderliche Unterstützung angedeihen lassen, imstande sein werden, die Errungenschaften der Wissenschaft außerhalb unseres Landes nicht nur einzuholen, sondern auch in nächster Zeit zu übertreffen. *(Lang anhaltender Beifall.)*

Was die Pläne für einen längeren Zeitraum betrifft, so beabsichtigt die Partei, einen neuen machtvollen Aufschwung der Volkswirtschaft in die Wege zu leiten, der uns die Möglichkeit bieten würde, den Stand unserer Industrie im Vergleich zum Vorkriegsstand, sagen wir, auf das Dreifache zu heben. Wir müssen es erreichen, dass unsere Industrie in der Lage ist, jährlich an die 50 Millionen Tonnen Roheisen *(langanhaltender Beifall),* an die 60 Millionen Tonnen Stahl *(langanhaltender Beifall),* an die 500 Millionen Tonnen Kohle *(langanhaltender Beifall)* und etwa 60 Millionen Tonnen Erdöl *(langanhaltender Beifall)* zu erzeugen. Nur unter dieser Bedingung kann man damit rechnen, dass unser Vaterland gegen alle Zufälle gesichert sein wird. *(Stürmischer Beifall.)*

Dafür werden vielleicht drei neue Planjahrfünfte, wenn nicht mehr, erforderlich sein. Aber das ist zu schaffen, und wir müssen es schaffen. *(Stürmischer Beifall.)*

Das ist mein kurzer Bericht über die Tätigkeit der Kommunistischen Partei in der jüngsten Vergangenheit und über ihre Arbeitspläne für die Zukunft. *(Stürmischer, langanhaltender Beifall.)*

Ihre Sache ist es, darüber zu urteilen, inwiefern die Partei richtig gearbeitet hat und arbeitet *(Beifall)* und ob sie nicht besser hätte arbeiten können. *(Heiterkeit, Beifall.)*

Man sagt, dass man über die Sieger nicht zu Gericht sitzt *(Heiterkeit. Beifall),* dass man sie nicht kritisieren, nicht kontrollieren soll. Das stimmt nicht. Man kann und muss über die Sieger zu Gericht sitzen *(Heiterkeit, Beifall),* man kann und muss sie kritisieren und kontrollieren. Das ist nicht nur für die Sache nützlich, sondern auch für die Sieger selbst *(Heiterkeit, Beifall);* dann gibt es weniger Dünkel und mehr Bescheidenheit. *(Heiterkeit, Beifall.)* Ich bin der Ansicht, dass die Wahlkampagne ein Gericht der Wähler über die Kommunistische Partei als die regierende Partei ist. Die Wahlergebnisse aber werden das Urteil der Wähler sein. *(Heiterkeit, Beifall.)* Die Kommunistische Partei unseres Landes wäre nicht viel wert, wenn sie sich vor Kritik, vor Kontrolle fürchtete. Die Kommunistische Partei ist bereit, das Urteil der Wähler entgegenzunehmen. *(Stürmischer Beifall.)*

Die Kommunistische Partei tritt im Wahlkampf nicht allein auf. Sie schreitet zu den Wahlen in einem Block mit den Parteilosen. In früheren Zeiten brachten die Kommunisten den Parteilosen und der Parteilosigkeit ein gewisses Misstrauen entgegen. Das erklärt sich daraus, dass sich nicht selten verschiedene bürgerliche Gruppen, für die es unvorteilhaft war, ohne Maske vor die Wähler zu treten, hinter der Flagge der Parteilosigkeit versteckten. So war es in der Vergangenheit. Jetzt aber haben wir andere Zeiten. Die Parteilosen sind jetzt von der Bourgeoisie durch eine Barriere getrennt, sowjetische Gesellschaftsordnung genannt. Dieselbe Barriere vereint die Parteilosen mit den Kommunisten zu einem gemeinsamen Kollektiv der Sowjetmenschen. In einem gemeinsamen Kollektiv lebend, kämpften sie gemeinsam für die Stärkung der Macht unseres Landes, führten sie gemeinsam Krieg und vergossen ihr Blut an den Fronten für die Freiheit und Größe unseres Vaterlandes, schmiedeten und erfochten sie gemeinsam den Sieg über die Feinde unseres Landes. Der Unterschied zwischen ihnen besteht lediglich darin, dass die einen in der Partei sind und die anderen nicht. Aber das ist ein formaler Unterschied. Wichtig ist, dass die einen wie die anderen ein und dasselbe gemeinsame Werk vollbringen. Darum ist der Block der Kommunisten und Parteilosen eine natürliche und lebenskräftige Sache. *(Stürmischer, langanhaltender Beifall.)*

Zum Schluss erlauben Sie mir, Ihnen meinen Dank auszusprechen für das Vertrauen, das Sie mir erwiesen haben *(langanhaltender, nicht enden wollender Beifall. Ruf:* »Dem großen Feldherrn aller Siege, dem Genossen Stalin, ein Hurra!«), indem Sie meine Kandidatur für den Obersten Sowjet aufstellten. Sie brauchen nicht daran zu zweifeln, dass ich mich bemühen werde, Ihr Vertrauen zu rechtfertigen. *(Alle erheben sich. Stürmischer, lange nicht enden wollender Beifall, der in eine Ovation übergeht. Aus den verschiedenen Teilen des Saales ertönen Rufe:* »Es lebe der große Stalin! Hurra!«, »Dem großen Führer der Völker Hurra!«, »Ruhm dem großen Stalin!«, »Es lebe Genosse Stalin, der Kandidat des ganzen Volkes!«, »Ruhm dem Schöpfer all unserer Siege, Genossen Stalin!«)

Nach: Stalin (1946/1979).

NACHWORT (2024)

Das griechische Wort *έθνος* [ethnos] bedeutet »Ethnie«, *δεμος* [dēmos] »Besitzbürgertum« und *λαός* [laos] »Masse«, »Pöbel«, oder »Arbeiterklasse«, aber alle drei Begriffe werden mit »Volk« übersetzt. Ebenso gibt es eine *εθνοκρατία* [ethnokratía], eine *δημοκρατία* [dēmokratía] und eine *λαοκρατία* [laokratía]. Darin spiegeln sich übersetzt, zumindest inhaltlich, die völkische, bürgerliche und proletarische Demokratie wider. Während der griechische Begriff dēmokratía auf das privilegierte attische Bürgertum zurückgeht, da die Mehrheit der Bevölkerung Sklaven und nicht wahlberechtigt war, und in seiner heutigen Form den repräsentativen Parlamentarismus verkörpert, entspricht der griechische Begriff laokratía der Herrschaft der Werktätigen in der direktdemokratischen Organisationsform von Arbeiter:innenräten. Die griechischen Kommunisten, die während des Zweiten Weltkrieges im Widerstand unter Führung des großen Nikolaos Zachariadis ebenfalls direktdemokratische Organe entwickelten, lehnten die Demokratie ab und strebten ihre Ersetzung durch die Laokratie an. Gleichnamig hieß das zentrale Organ des griechischen Widerstands *Λαοκρατία* (1943–1946).

Sozialisten haben eine lange Tradition im Kampf um die Demokratie in allen Gesellschaftsbereichen. Sei es durch die *Demokratisierung* der Armee durch das Sownarkom 1917, die sozialistische *Demokratisierung* der sowjetischen Staatsordnung durch die Stalinsche Verfassung 1936 oder selbst reformorientierte Versuche der *Demokratisierung* der Wirtschaftsordnung unter anderem durch die Losung der betrieblichen Mitbestimmung seit den 1950er Jahren, wie sie bis zum heutigen Tag von der westeuropäischen Gewerkschaftsbewegung erhoben wird. *Zu viel* Demokratie stört das bürgerliche Lager. Der unter Christdemokraten beliebte Cheflobbyist mit einschlägigen Verbindungen in die rechtsextreme Szene, der mehrmalige Bundesminister und Kanzlerkandidat der Union, Franz Josef Strauß traf den Nagel auf den Kopf, als er meinte:

> »Die Demokratisierung der Gesellschaft ist der Beginn der Anarchie, das Ende der wahren Demokratie. Wenn die Demokratisierung weit genug fortgeschritten ist, dann endet sie im kommunistischen Zwangsstaat« (1978).

Er hat nicht Unrecht. Die Redaktion

REGISTER

ABKÜRZUNGEN

AG	Autonomes Gebiet.
ASSR	Autonome Sozialistische Sowjetrepublik.
KPdSU(B)	Kommunistische Partei der Sowjetunion (Bolschewiki, 1925–1952).
SFSR	Sozialistische Föderative Sowjetrepublik.
SSR	Sozialistische Sowjetrepublik.
UdSSR	Union der Sozialistischen Sowjetrepubliken (1922–1991).

ANMERKUNGEN

[1] Am 17. März 1991 fand in der Sowjetunion ein Referendum über einen neuen Unionsvertrag mit der Frage »Halten Sie den Erhalt der Union der Sozialistischen Sowjetrepubliken als erneuerte Föderation gleichberechtigter souveräner Republiken, in der die Rechte und Freiheiten des Menschen jeglicher Nationalität in vollem Umfang garantiert werden, für notwendig?« statt. Dieses Referendum erreichte in keiner Teilrepublik weniger als 70% Zustimmung, in vielen Teilrepubliken lag die Zustimmung zum Verbleib in der Sowjetunion bei über 90%. Trotz des Wunsches der überwältigenden Mehrheit der Bevölkerung nach Erhalt der Sowjetunion hatte die Führung der UdSSR unter Gorbatschow gegen den teilweise militanten Widerstand der Bevölkerung bereits einen Zerfallsprozess eingeleitet, der das Ende der—zu diesem Zeitpunkt bereits sozialimperialistischen—Supermacht bedeuten sollte.

[2] *Reichsduma* — gesetzgebende Institution in Russland, deren Befugnisse beschränkt waren. Sie wurde während der Revolution von 1905–1907 vom Zaren unter dem Druck der Massen ins Leben gerufen, um das Bündnis mit der Bourgeoisie zu stärken und das Land in Richtung einer bürgerlichen Monarchie zu lenken. Die Bolschewiki nahmen an der II. (1907), der III. (1907–1912)

und der IV. (1912–1917) Reichsduma teil und nutzten die Dumatribüne, um das Parteiprogramm zu verbreiten, die Bauernschaft von der Einflussnahme der Bourgeoisie zu befreien und in der Duma einen revolutionären Block aus Vertretern der Arbeiterklasse und der Bauernschaft zu formen. Die II. Reichsduma beherbergte die sozialdemokratische Fraktion, die hauptsächlich aus Menschewiki bestand und 65 Mitglieder zählte. Die Tätigkeit dieser Fraktion war von der opportunistischen Taktik der Menschewiki geprägt. Sie strebten danach, eine Allianz mit den bürgerlichen Parteien zu schmieden und versuchten, konstitutionelle Illusionen in der Bevölkerung zu wecken. Lenin kritisierte die Fehler der sozialdemokratischen Dumafraktion scharf und wies darauf hin, dass die Ansichten der Mehrheit der russischen Sozialdemokratie nicht mit denen ihrer Vertretung in der Duma übereinstimmten.

[3] *Stachanow-Bewegung* — kulturelle Massenbewegung der Arbeiterklasse in der Sowjetunion ab dem zweiten Fünfjahresplan (1932–1937) zur Förderung des freundschaftlichen sozialistischen Wettbewerbs und der Anwendung rationaler Methoden im Arbeitsprozess und Teil der sowjetischen Kulturrevolution. Die sogenannten Stachanow-Arbeiter orientierten sich an dem Bergmann Alexej Grigorjewitsch Stachanow, der als Hauer in einem Steinkohlenbergwerk im Donezbecken am 31. August 1935 in einer Schicht 102 Tonnen Kohle gefördert hatte, was mehr als dem 13-fachen der damals gültigen Arbeitsnorm (1.457%) entsprach. Nachdem Stachanow durch seinen Arbeitsheldentum in der ganzen Sowjetunion bekannt geworden war, wurde er bereits ein halbes Jahr später von Nikita Isotow mit 640 Tonnen geförderter Kohle in einer Schicht um mehr als das Sechsfache übertroffen. Die Initiative, sich gegenseitig zu fördern und zu überbieten, ging von der Basis aus, begann in der Kohleindustrie, breitete sich über die Automobilindustrie, die Schuhindustrie, die Textilindustrie, den Maschinenbau, die Holzindustrie, die Eisenbahnindustrie und die Land-

wirtschaft aus und erfasste bald die gesamte Sowjetunion. Die Graswurzelbewegung für die Verbesserung der Arbeits- und Managementnormen und -methoden wurde ab Dezember 1935 auch von der Partei unterstützt, die beschloss, ein umfassendes Netz industrieller Schulungen zu entwickeln und Stoßarbeiter der sozialistischen Arbeit auszubilden. Ab 1936 wurde die Stachanow-Bewegung auch gezielt durch koordinierte Wettbewerbe der Stachanow-Arbeiter gefördert. Eine wichtige Rolle in der Stachanow-Bewegung spielten auch die werktätigen Frauen in der Sowjetunion. Ein Viertel aller gewerkschaftlich organisierten Frauen waren Stachanow-Arbeiter. Im ersten Fünfjahresplan (1928–1932) stieg die Arbeitsproduktivität um 41%, im zweiten Fünfjahresplan um 82%. Die bewusste Initiative der Werktätigen spielte dabei eine wichtige Rolle. Charakteristisch für den sozialistischen Wettbewerb war, dass er nicht auf dem Tod und Verfall der Schwächsten beruhte, sondern die Schwächsten auf das Niveau der Stärksten hob und die Stärksten immer wieder die bestehenden Maßstäbe übertrafen und dadurch neue setzten. Das Gegenstück zu den Stachanow-Arbeitern waren die sogenannten Diversanten, wie die im Schachty-Prozess (1922) Angeklagten.

[4] *Stalinpreis* — nach J.W. Stalin benannte Auszeichnung, die in der Sowjetunion 1941–1954 verliehen wurde. Ende 1939 als höchste zivile Auszeichnung der Sowjetunion für hervorragende Leistungen auf wissenschaftlichem, sozialem, literarischem, künstlerischem oder musikalischem Gebiet vorbereitet.

LITERATURVERZEICHNIS

Becker, M. (2007). *Die Kulturpolitik der sowjetischen Besatzungsmacht in der SBZ/DDR 1945–1953: Sowjetische Literatur und deutsche Klassiker im Dienst der Politik Stalins*. 137. https://doi.org/10.5282/UBM/EPUB.2070

Central Intelligence Agency. (195X). *USSR: Comments on Change in Soviet Leadership* [Kommentar über die Veränderung in der sowjetischen Führung]. https://www.cia.gov/readingroom/docs/CIA-RDP80-00810A006000360009-0.pdf

Furr, G. (2005a). Stalin and the Struggle for Demoratic Reform: Part One. *Cultural Logic*. https://ojs.library.ubc.ca/index.php/clogic/article/download/191861/188830/218717

Furr, G. (2005b). Stalin and the Struggle for Demoratic Reform: Part Two. *Cultural Logic*. https://ojs.library.ubc.ca/index.php/clogic/article/download/191862/188831/218719

Gilens, M., & Page, B.I. (2014). Testing Theories of American Politics: Elites, Interest Groups, and Average Citizens. *Perspectives on Politics*, *12*(3), 564–581. https://doi.org/10.1017/S1537592714001595

Karewa, M.P. (1950). *Die Verfassung der UdSSR*. Verlag für fremdsprachige Literatur. (Original veröffentlicht 1949)

Karpinski, W.A. (1946). *Wie die Sowjetunion regiert wird: Der Staatsaufbau der Sowjetunion und die Rechte und Pflichten der Sowjetbürger*. SWA.

Kogan, M. (2012). Shaping Soviet Justice: Popular responses to the election of people's courts, 1948-1954. *Cahiers du Monde russe, 53*(1), 121–139.

Kosmin, F. (1952). Die Kommunistische Partei der Sowjetunion (Bolschewiki). In S.I. Wawilow, K.J. Woroschilow, A.J. Wyschinski, P.I. Lebedew-Poljanski, A. Losowski, F.N. Petrow, F.A. Rotstein, O.J. Schmidt, J. Kuczynski, & W. Steinitz (Hrsg.), *Große Sowjet-Enzyklopädie: Union der sozialistischen Sowjetrepubliken* (2. Aufl., Bd. 2, S. 1739–1789). Kultur und Fortschritt. (Original veröffentlicht 1950)

Kubi, M. (2015). *Die Sowjetdemokratie und Stalin: Theorie und Praxis in der Sowjetunion 1917–1953*. Offen-siv.

Lenin, W. I. (1977). Über „doppelte" Unterordnung und Gesetzlichkeit. Für das Politbüro. In Institut für Marxismus-Leninismus beim ZK der SED (Hrsg.), *Lenin-Werke* (Bd. 33, S. 349–353). Dietz. (Original veröffentlicht 1922)

Lewin, I.D. (1952). Staatsordnung. In S.I. Wawilow, K.J. Woroschilow, A.J. Wyschinski, P.I. Lebedew-Poljanski, A. Losowski, F.N. Petrow, F.A. Rotstein, O.J. Schmidt, J. Kuczynski, & W. Steinitz (Hrsg.), *Große Sowjet-Enzyklopädie: Union der sozialistischen Sowjetrepubliken* (2.Aufl., Bd.1, S.6–30). Kultur und Fortschritt. (Original veröffentlicht 1950)

Lomb, S. (2018). *Stalin's Constitution: Soviet Participatory Politics and the Discussion of the 1936 Draft Constitution*. Routledge.

Meissner, B. (1962). Das Parteiprogramm der KPdSU: 1903 bis 1961. In Bundesinstitut zur Erforschung des Marxismus-Leninismus (Hrsg.), *Das Parteiprogramm der KPdSU: 1903 bis 1961*. Wissenschaft und Politik.

Michailow, N.N., Iwanow, N.K., Semjonow, P.S., Karpinski, W.A., & Glesermann, G.J. (1950). *Der gesellschaftliche und staatliche Aufbau der UdSSR* (E. Hube, Übers.). Neues Leben.

Rasgon, I. (1952). Die sowjetische Periode der Geschichte der UdSSR. In S.I. Wawilow, K.J. Woroschilow, A.J. Wyschinski, P.I. Lebedew-Poljanski, A. Losowski, F.N. Petrow, F.A. Rotstein, O.J. Schmidt, J. Kuczynski, & W. Steinitz (Hrsg.), *Große Sowjet-Enzyklopädie: Union der sozialistischen Sowjetrepubliken* (2.Aufl., Bd.1, S.662–782). Kultur und Fortschritt. (Original veröffentlicht 1950)

RepresentUs (Regisseur). (2015, 30. April). *Corruption is Legal in America.* https://youtu.be/5tu32CCA_Ig
Roter Morgen. (1996). *Wann und warum der Sozialismus in der Sowjetunion scheiterte.* Roter Morgen.
Stalin, J.W. (1950). Marxismus und nationale Frage. In Marx-Engels-Lenin-Stalin-Institut beim ZK der SED (Hrsg.), *Stalin Werke* (Bd.2, S.266–333). Dietz. (Original veröffentlicht 1913)
Stalin, J.W. (1952). Die nationalen Momente im Partei- und Staatsaufbau. Thesen zum XII. Parteitag der KPR(B), gebilligt vom ZK der Partei. In Marx-Engels-Lenin-Institut beim ZK der SED (Hrsg.), *Stalin-Werke* (Bd.5, S.159–169). Dietz. (Original veröffentlicht 1923)
Stalin, J.W. (1952). Zu den Fragen des Leninismus. In *Stalin-Werke* (Bd.8, S.12–81). Dietz. (Original veröffentlicht 1926)
Stalin, J.W. (1979). Rede in der Wählerversammlung des Stalin-Wahlbezirks der Stadt Moskau am 9. Februar 1946. In Zentralkomitee der KPD/ML (Hrsg.), *Stalin-Werke* (Bd.15, S.37–53). Roter Morgen. (Original veröffentlicht 1946)
Stalin, J.W. (1979). Rede in der Wählerversammlung des Stalin-Wahlbezirks der Stadt Moskau am 11. Dezember 1937. In Zentralkomitee der KPD/ML (Hrsg.), *Stalin-Werke* (Bd.14, S.161–167). Roter Morgen. (Original veröffentlicht 1937)
Stalin, J.W. (1979). Rundfunkrede am 3. Juli 1941. In Zentralkomitee der KPD/ML (Hrsg.), *Stalin-Werke* (Bd.14, S.236–242). Roter Morgen. (Original veröffentlicht 1941)
Stalin, J.W. (1979). Über den Entwurf der Verfassung der Union der SSR. Bericht auf dem Außerordnetlichen VIII. Sowjetkongress der UdSSR, am 25. November 1936. In Zentralkomitee der KPD/ML (Hrsg.), *Stalin-Werke* (Bd.14, S.57–90). Roter Morgen. (Original veröffentlicht 1936)
Wawilow, S.I., Woroschilow, K.J., Wyschinski, A.J., Lebedew-Poljanski, P.I., Losowski, A., Petrow, F.N., Rotstein, F.A., Schmidt, O.J., Kuczynski, J., & Steinitz, W. (Hrsg.). (1952). Allgemeines. In *Große Sowjet-Enzyklopädie: Union der sozialistischen Sowjetrepubliken* (2.Aufl., Bd.1, S.1–3). Kultur und Fortschritt. (Original veröffentlicht 1950)

PERSONENVERZEICHNIS

Budjonny, Semjon Michailowitsch (1883–1973) — sowjetischer Offizier und Politiker der KPdSU(B). 1917 zu den Bolschewiki übergegangen, gründete die Rote Kavallerie. Marschall der Sowjetunion (1935–1954). Befehlshaber im Nordkaukasischen und Moskauer Militärbezirk. Entwickelte Grundsätze für den Einsatz der Kavallerie mit leichten Panzern. Mitglied des Zentralkomitees der KPdSU(B) ab 1938. Oberbefehlshaber der Südwestfront im Zweiten Weltkrieg, erlitt schwere Verluste und wurde abgelöst. Wichtige Figur der Oktoberrevolution, obwohl seine militärische Doktrin später überholt wurde.

Chatschaturjan, Aram (1903–1978) — sowjetisch-armenischer Komponist. Beeinflusst von armenisch-georgischer Volksmusik, einer der bedeutendsten sowjetischen Komponisten. Bekannt für Werke wie das Klavierkonzert (1936), Violinkonzert (1940), Cellokonzert (1946), und Ballettmusiken Gayane (1942) und Spartakus (1954). Sein »Säbeltanz« ist weltweit populär. Stil geprägt durch farbige Harmonien, fesselnde Rhythmen und sinnliche Melodien. Mitglied der KPdSU(B) seit 1943. Trotz anti-formalistischer Kampagne (1948) blieb er ein gefeierter Komponist und gilt in Armenien als »nationaler Schatz«.

Chruschtschow, Nikita (1894–1971) — sowjetisch-ukrainischer Politiker der KPdSU,

Erster Sekretär der KPdSU (1953–1964) und Vorsitzender des Ministerrats (1958–1964). Leitete die Entstalinisierung und die »Politik der friedlichen Koexistenz« ein, nachdem er den Machtkampf 1953–1956 u.a. gegen Wjatscheslaw Molotow gewonnen hatte. Unter ihm begann das sowjetische Raumfahrtprogramm und innenpolitische Reformen, die die Diktatur des Proletariats zerstörten und den Übergang zum Kapitalismus vorbereiteten. Während der Kubakrise und des »Kalten Krieges« verfolgte er den Kurs einer Supermacht, insbesondere gegenüber Albanien. Sabotierte internationale revolutionäre Kämpfe und spaltete endgültig das Nachkriegsdeutschland. Wurde 1964 gestürzt und durch Leonid Breschnew ersetzt.

Dschawachischwili, Alexander Nikolajewitsch (1875–1973) — sowjetisch-georgischer Geograph und Anthropologe, Begründer der sowjetischen Geographie. Doktor der geographischen Wissenschaften (1937), Mitglied der Akademie der Wissenschaften (1944). Erforschte die Anthropologie des Kaukasus, erlangte internationalen Ruhm. Behandelte alle geographischen Probleme Georgiens, darunter Geomorphologie und Kartographie. Pionier der wissenschaftlichen Geographie. Verfasser theoretischer Arbeiten zur Struktur der geographischen Wissenschaften. Ausgezeichneter Wissenschaftler, Ehrenmitglied der Geographischen Gesellschaft der UdSSR. Träger des Leninordens und des Ordens des Roten Banners der Arbeit. Sein Werk ist seit 2013 UNESCO-Weltkulturerbe.

Frunse, Michail Wassiljewitsch (1885–1925) — sowjetischer Armeeoffizier und Militärtheoretiker. Mitglied der SDAPR seit 1903, führte 1905 den Streik der Textilarbeiter in Iwanowo an, wofür er verurteilt wurde. Entkam und beteiligte sich an der Februar- und Oktoberrevolution 1917. Im russischen Bürgerkrieg siegreicher Kommandeur der Roten Armee, besiegte Pjotr Wrangel und Nestor Machno. 1924 Generalstabschef und Leiter der Militärakademie, 1925 Vorsitzender des Revolutionären Militärrates. Führte die Militärreform (»Frunse-Reform«)

von 1924–1925 ein, die die Rote Armee modernisierte. Hinterließ bedeutende Schriften zur Anwendung des Marxismus auf militärtheoretische Fragen.

Hitler, Adolf (1889–1945) — Vorsitzender der NSDAP (ab 1921), Reichskanzler (ab 1933), Reichspräsident (ab 1934), Oberbefehlshaber der deutschen Wehrmacht (ab 1938). Versuchte 1923 die Weimarer Republik durch einen Putsch zu stürzen. Schrieb 1925–1926 »Mein Kampf«. Initiator des II. Weltkrieges (1939–1945). Verübte zahlreiche Verbrechen und Völkermorde; sein industriell organisierter Massenmord an sechs Millionen Juden ist in seiner Grausamkeit beispiellos. Größter Verbrecher in der Geschichte der Menschheit. Starb am 30. April 1945 durch Selbstmord im Bunker der Reichskanzlei.

Kaganowitsch, Lasar (1893–1991) — sowjetisch-jüdischer Politiker der KPdSU(B). Mitglied des Zentralkomitees (1924–1957) und des Politbüros (1930–1957). Generalsekretär der ukrainischen Parteiorganisation (1925–1928), förderte die Ukrainisierung. Enger Vertrauter Stalins, förderte die Abschaffung der NÖP, Kollektivierung der Landwirtschaft und den Bau der Moskauer Metro. Volkskommissar für Eisenbahnwesen und Schwerindustrie. Nach dem Zweiten Weltkrieg leitete er den wirtschaftlichen Wiederaufbau. 1957 von Chruschtschow abgesetzt und 1961 aus der Partei ausgeschlossen. Erlebte die Zerstörung der Sowjetunion durch Chruschtschow und Breschnew.

Kalinin, Michail (1875–1946) — sowjetischer Politiker. 1919–1946 Staatsoberhaupt der RSFSR und später der UdSSR. Ab 1926 war er Mitglied des Politbüros der Kommunistischen Partei der Sowjetunion. Der aus einer Bauernfamilie stammende Kalinin arbeitete als Metallarbeiter in Sankt Petersburg und nahm als frühes Mitglied der Bolschewiki an der russischen Revolution von 1905 teil. Während und nach der Oktoberrevolution diente er als Bürgermeister von Petrograd (St. Petersburg). Nach der Revolution wurde Kalinin das Oberhaupt des neuen Sowjetstaates und Mitglied des

Zentralkomitees der Kommunistischen Partei und des Politbüros. Kalinin ging 1946 in den Ruhestand und starb noch im selben Jahr.

Kosmodemjanskaja, Soja (1923–1941) — sowjetische Partisanin. Mitglied des Komsomol (1938–1941), eingesetzt in der Partisanengruppe Nr. 9.903. Während eines Einsatzes verraten, verhört, gefoltert und hingerichtet. Ihre letzten Worte zu den Genossen: »Seid mutig, kämpft, besiegt die Deutschen…Ich fürchte den Tod nicht, Genossen. Es ist ein Glück, für sein Volk zu sterben!« Zu den Deutschen: »Ihr könnt uns nicht alle aufhängen. Man wird sich für mich rächen.« Nach ihrem Tod zur Heldin der Sowjetunion erklärt. Verräter Wassili Klubkow wurde 1945 hingerichtet.

Lenin, Wladimir I. (1870–1924).

Lewin, Iosif Dawidowitsch (1901–1984) — sowjetischer Jurist. Philosoph, Staatsmann, Doktor der Rechtswissenschaften und Professor. Arbeitete in den 1920er Jahren im Volkskommissariat der Arbeiter- und Bauerninspektion der UdSSR und in der Kommunistischen Akademie. In den 1930er und 1940er Jahren leitender Wissenschaftler am Institut für Rechtswissenschaften der Akademie der Wissenschaften der UdSSR. Kandidat der Rechtswissenschaften (1935) und Doktor der Rechtswissenschaften (1939). Leistete zahlreiche Beiträge zur Entwicklung des sowjetischen Staatsrechts. Begründer der marxistischen Theorie der Souveränität und des Selbstbestimmungsrechts der Völker. Veröffentlichte ca. 10 Monographien und über 100 rechtswissenschaftliche Artikel.

Molotow, Wjatscheslaw Michailowitsch (1890–1986) — sowjetisch-russischer Politiker und enger Vertrauter Stalins. Vorsitzender des Rates der Volkskommissare (1930–1941) und Volkskommissar für Auswärtige Angelegenheiten (1939–1949, 1953–1956). Vollmitglied des Politbüros seit 1926. Führte die Kollektivierung durch. Unterzeichnete 1939 den Molotow-Ribbentrop-Pakt. Stellvertretender Vorsitzender der Staatlichen Verteidigungskommission im Zweiten

Weltkrieg. Verhandelte mit den Alliierten über ein einheitliches Deutschland, das von den Westmächten abgelehnt wurde. Kämpfte nach 1953 gegen Chruschtschow, jedoch erfolglos.

Muradeli, Wano Iljitsch (1908–1970) — sowjetisch-georgischer Komponist und Dirigent. Träger zweier Stalin-Preise (1946, 1951) und Volkskünstler der UdSSR (1968). Studierte am Konservatorium von Tiflis und am Moskauer Konservatorium. Musikalischer Leiter des Theaters der Arbeiterjugend (1931–1934). Geschäftsführer des sowjetischen Komponistenverbandes (1938–1939) und Leiter des Musikfonds der UdSSR. Leiter des Zentralen Gesangs- und Tanzensembles der Roten Marine im Zweiten Weltkrieg. Mitglied der KPdSU(B) seit 1942. Schrieb das Lied »Lasst uns zu den Waffen greifen, Bürger« (1941). Wegen seiner Oper »Große Freundschaft« 1948 als Formalist eingestuft, 1958 rehabilitiert.

Nikolaus II. (1868–1918) — letzter Zar des Russischen Reiches. Regierte 1894–1917. Bekannt für die Tragödie von Chodynka, antisemitische Pogrome, den Petersburger Blutsonntag und den Russisch-Japanischen Krieg. Unterstützte Serbien in der Julikrise, was zum Ersten Weltkrieg führte. Die militärischen Verluste führten zur Februarrevolution und seinem Sturz. Nach der Abdankung wurde er mit seiner Familie verhaftet und 1918 hingerichtet, was das Ende der Romanow-Dynastie und der zaristischen Herrschaft bedeutete. Später von der orthodoxen Kirche rehabilitiert und zum Märtyrer verklärt.

Orbeli, Josef (1887–1961) — sowjetisch-armenischer Orientalist. Direktor der Eremitage in Leningrad (1934–1951), Gründer und erster Präsident der Armenischen Nationalen Akademie der Wissenschaften (1943–1947). Studierte Geschichte und Philologie an der Universität St. Petersburg. Begleitete seinen Lehrer Nikolai J. Marr zu Ausgrabungen in Armenien und wurde eine führende Autorität für armenische Altertümer. Mitglied der Kaiserlich Russischen Archäologischen Gesellschaft (1912), lehrte Armenisch und Kurdisch an der Universität

St. Petersburg. Erweiterte die Sammlung der Eremitage zur größten Sammlung orientalischer Kunst. Organisierte den Internationalen Kongress für iranische Kunst und Archäologie (1935).

Sarjan, Martiros (1880–1972) — sowjetisch-armenischer Maler und Begründer der modernen armenischen Malschule. Studierte an der Moskauer Kunstschule (1897–1904) bei Serow und Korowin. Organisierte 1915 in Etschmiadsin Hilfe für Flüchtlinge nach dem Völkermord an den Armeniern. 1916 Gründung der Armenischen Künstlervereinigung in Tiflis. Initiierte die Gründung der Kunstakademie und des Nationalmuseums in Jerewan. Sein Haus wurde 1967 in ein Museum umgewandelt. Dreifacher Träger des Lenin-Ordens und Mitglied der Armenischen Akademie der Wissenschaften (seit 1956).

Stachanow, Alexej Grigorjewitsch (1906–1977) — sowjetisch-russischer Bergarbeiter. Held der sozialistischen Arbeit (1970) und Mitglied der KPdSU(B) seit 1936. Übertraf die Arbeitsnorm an geförderter Kohle um das 13-fache, was die Stachanow-Bewegung zur Steigerung der Arbeitsproduktivität initiierte. Für seine Leistung erhielt er eine Prämie, eine neue Wohnung, einen Kuraufenthalt und mit seiner Frau Ehrenplätze im Klub. Ausgezeichnet mit dem Leninorden und dem Orden des Roten Banners der Arbeit. Fortbildung an der Industrieakademie in Moskau, später Direktor eines Kohlebergwerks. Abgeordneter des Obersten Sowjets. In den 70er Jahren an Alkoholismus erkrankt.

Stalin, Josef W. (1878–1953) — kommunistischer Revolutionär und Politiker der KPdSU(B). Generalsekretär der KPdSU(B) (1922–1952), Vorsitzender des Ministerrates der UdSSR (1941–1953), Marschall der Roten Armee (1941–1947). Führte die Oktoberrevolution 1917 mit Lenin an und bekämpfte nach 1924 erfolgreich die parteifeindliche Opposition. Architekt der sowjetischen Industrialisierung und des ersten sozialistischen Staates. Führte die Sowjetunion im Großen Vaterländischen Krieg (1941–1945) gegen die faschistischen Horden in Europa.

Begründer des Marxismus-Leninismus und Theoretiker der marxistischen Lösung der Nationalitätenfrage und des Sozialismus in einem Land.

Tschaikina, Elisabeth (»Lisa«) Iwanowa (1918–1941) — Sekretärin des Untergrundkomitees Penowksi des Komsomol der Oblast Kalinin (RSFSR) und Organisatorin der Partisanenbewegung während des Großen Vaterländischen Krieges in der Sowjetunion. Seit 1939 Mitglied der KPdSU(B) und Sekretärin des Bezirkskomitees Penowksi des Komsomol. Am 22. November 1941 verraten und von der Wehrmacht gefangen genommen. Unter Folter weigerte sie sich, den Besatzern Informationen über die Positionen anderer Partisanen zu geben und wurde am 6. März 1942 durch Erlass des Präsidiums des Obersten Sowjets der UdSSR zur Heldin erklärt.

Woroschilow, Kliment Jefremowitsch (1881–1969) — sowjetischer Offizier und Politiker der KPdSU(B). Ab 1913 Mitglied der SDAPR, beteiligte sich an der Bildung der Roten Armee und der Schlacht von Zarizyn. Vollmitglied des Politbüros (1926–1957), Volkskommissar für Heer und Marine (ab 1925), Marschall der Sowjetunion (ab 1935). Im Großen Vaterländischen Krieg verantwortlich für den nordwestlichen Teil der Landesverteidigung. Vorsitzender des Obersten Sowjets (1953–1960). Nach 1953 opportunistische Haltung, wechselte mehrfach die Seite im Machtkampf um Chruschtschow.

Zulukidse, Grigori Antonowitsch (1889–1950) — sowjetischer Geologe. Arbeitete als Ingenieur und Direktor von Bergwerken in Georgien (1918–1922). Vorsitzender des Bergbauausschusses Georgiens (1923–1928). Professor an der Staatlichen Universität Tiflis und dem Georgischen Polytechnischen Institut (1923–1950). Leiter der Abteilung für Bodenschätze (1928–1950). Entwickelte Methoden zur Erschließung von Mangan- und Kohlevorkommen. Doktor der technischen Wissenschaften (1939), Verdienter Arbeiter der Wissenschaft und Technik der Georgischen SSR (1941), Mitglied der Akademie der Wissenschaften Georgiens (1944). Verfasser von über

100 wissenschaftlichen Arbeiten.

GLOSSAR

Agronomie — wissenschaftliche Lehre vom Ackerbau.

Ambulatorium — Einrichtung zur ambulanten medizinischen Versorgung auf dem Land in sozialistischen Staaten mit mindestens zwei Fachabteilungen und staatlich angestellten Ärzten.

Annexion — gewaltsame und widerrechtliche Aneignung fremden Gebiets.

Autonomie — Fähigkeit, eine informierte und nicht erzwungene Entscheidung selbstständig zu treffen; Zustand der Unabhängigkeit und Selbstregierung einer Organisation, Institution oder Gruppe von Menschen.

Demokratie — Herrschaft des Volkes (griech.); politische Organisationsform der Gesellschaft auf Grundlage der Volkssouveränität. Unterscheidung zwischen bürgerlicher und sozialistischer Demokratie.

Deputierter — von einem Gremium oder einer größeren Versammlung zur Erledigung bestimmter Angelegenheiten entsandter Vertreter; Abgeordneter in einem Parlament im Auftrag der Wählerschaft.

Dünkel — Wahrnehmung vermeintlicher Überlegenheit (sozial, intellektuell), die von anderen als unangenehm empfunden wird und sich im Verhalten einer Person äußert; Synonym für »Hochmut«.

Examen — Prüfung zum Abschluss einer Ausbildung oder eines Studiums.

Heidentum — aus christlicher Sicht der Zustand, keiner der monotheistischen Religionen

(Judentum, Christentum, Islam) anzugehören; oft auf Atheisten, Agnostiker oder Minderheitsreligionen angewandt.

Invalidität — dauernde Beeinträchtigung der körperlichen oder geistigen Leistungsfähigkeit durch Krankheit oder Unfall mit der Folge dauernder Berufsunfähigkeit.

Kader — innerhalb einer Organisation rekrutierte Führungskräfte in Politik und Wirtschaft; geschultes und für die Führung der Massen vorbereitetes Mitglied einer kommunistischen Partei.

Knute — russische Peitsche aus einem Rohlederriemen oder Seil an einem Holzgriff; bis zur Oktoberrevolution wurden Arbeiter in Fabriken mit dieser Peitsche geschlagen.

Kolchose — genossenschaftlich organisierter landwirtschaftlicher Betrieb in der Sowjetunion, der auf freiwilligem Zusammenschluss beruhte und selbst verwaltet wurde. Boden und Hauptproduktionsmittel waren Staatseigentum, Arbeitsprodukte Genossenschaftseigentum.

Komi — indigene ethnische Gruppe der finno-ugrischen Völker in Nordost-Russland; bis zur Oktoberrevolution unter dem Zaren als »Syriani« bekannt und ohne Rechte.

Kopeke — kleinste Einheit im Währungssystem vieler (ehemaliger) osteuropäischer Staaten einschließlich Russlands und der Sowjetunion, 100 Kopeken = 1 Rubel.

Korps — (meist militärischer) Großverband, dem oft mehrere Divisionen unterstehen.

Kreisstadt — Stadt, in der die Verwaltung eines Kreises (Deutschland) oder Rayons (Sowjetunion) ihren Sitz hat.

Mohammedanisch — islamisch (veraltet), muslimisch (veraltet).

Molybdän — Element mit der Ordnungszahl 42, wertvoller Legierungszusatz, enthalten in Stahllegierungen, Elektroden und Katalysatoren, ausgezeichnete Hochtemperaturbeständigkeit, Verwendung in der Luft- und Raumfahrt.

Nomaden — Menschen, die aus meist wirtschaftlichen Gründen eine nicht sesshafte Lebensweise führen und deren Wanderbewegungen in Abhängigkeit von den klimatischen Bedingungen meist wiederkehrenden Mustern folgen.

Orthodoxie, Rechtgläubigkeit — im Gegensatz zu abweichenden Lehrmeinungen die »richtige« Meinung vertretende Rechtgläubigkeit; christlich-orthodoxe Kirche.

Ossoawiachim — Gesellschaft zur Förderung der Verteidigung, des Flugwesens und der Chemie (Sowjetunion, 1927–1948).

Ovation — starker Beifall; tosender Applaus.

Pension — Rente für Angehörige des öffentlichen Dienstes wie Beamte, Richter oder Soldaten und deren Witwen; allgemeine Rente für Ruheständler in sozialistischen Ländern.

Polikliniken — mit einem Medizinischen Versorgungszentrum vergleichbare eigenständige medizinische Einrichtung mit Ärzten verschiedener Fachrichtungen.

Rayon — Verwaltungseinheit in der Sowjetunion und ihren Nachfolgestaaten, vergleichbar mit den deutschen Landkreisen, den österreichischen Bezirken und den Stadtbezirken in Städten; wörtlich übersetzt »Bezirk«.

Republik — nichtmonarchische Staatsform, in der in der Regel das Staatsvolk die höchste Gewalt und oberste Quelle der staatlichen Legitimität darstellt.

Sanatorium — Einrichtung zur Besserung der Gesundheit von Schwerkranken oder Rekonvaleszenten.

Schamane — Vermittler zur Geisterwelt mit entsprechenden magischen Fähigkeiten.

Sowjets — basisdemokratische Arbeiter- und Soldatenräte in der Sowjetunion, die aus den Revolutionen von 1905–1917 hervorgingen.

Technikerschule — Fachschule mit anwendungsorientierten Bildungsgängen auf technischer Grundlage.

Unterpfand — Pfand dafür, dass etwas anderes besteht oder Gültigkeit hat.

Volkskommissar — Minister in der Sowjetunion (1917–1946).

WeTscheKa — Allrussische außerordentliche Kommission zur Bekämpfung von Konterrevolution, Spekulation und Sabotage (Sowjetunion, 1917–1922).

Zarismus — autokratische, absolutistische Monarchieform in slawischen Ländern, besonders in Russland (1547–1917). Der Zar besaß uneingeschränkte Autorität und

Reichtum und galt als »Vater« aller Bürger.

INDEX

A

B

C

D

E

F

G

H

I

J

K

L

M

N

O

P

R

S

T

U

V

W

Z

Hilfestellung für die Transliteration nach ISO 9						
Kyrillisch		Transliteration (ISO 9)		Lautschrift (IPA)	Umschreibung (Deutsch)	
Groß	**Klein**	**Groß**	**Klein**		**Groß**	**Klein**
А	а	A	a	a	A	a
Б	б	B	b	b	B	b
В	в	V	v	v	W	w
Г	г	G	g	g	G	g (w)
Д	д	D	d	d	D	d
Е	е	E	e	ʲɛ/jɛ	E (Je)	e (je)
Ё	ё	Ë	ë	ʲɔ/jɔ	Jo (O)	jo (o)
Ж	ж	Ž	ž	ʒ	Sch (Sh)	sch (sh)
З	з	Z	z	z	S	s
И	и	I	i	ʲi/i/ji	I	i
Й	й	J	j	j	I (–/J)	i (–/j)
К	к	K	k	k	K	k
Л	л	L	l	l	L	l
М	м	M	m	m	M	m
Н	н	N	n	n	N	n
О	о	O	o	ɔ	O	o
П	п	P	p	p	P	p
Р	р	R	r	r	R	r
С	с	S	s	s	S	s (ss)
Т	т	T	t	t	T	t
У	у	U	u	u	U	u

Hilfestellung für die Transliteration nach ISO 9						
Kyrillisch		**Transliteration (ISO 9)**		**Lautschrift (IPA)**	**Umschreibung (Deutsch)**	
Groß	**Klein**	**Groß**	**Klein**		**Groß**	**Klein**
Ф	ф	F	f	f	F	f
Х	х	H	h	x	Ch	ch
Ц	ц	C	c	ʦ	Z	z
Ч	ч	Č	č	ʃʲ	Tsch	tsch
Ш	ш	Š	š	ʃ	Sch	sch
Щ	щ	Ŝ	ŝ	ʃʲː	Schtsch	schtsch
Ъ	ъ	″			(–)	(–)
Ы	ы	Y	y	ɨ	Y	y
Ь	ь	′		j	(–/J)	(–/j)
Э	э	È	è	ɛ	E	e
Ю	ю	Û	û	ʲu/ju	Ju	ju
Я	я	Â	â	ʲa/ja	Ja	ja
№		#			Nr.	

Hat dir das Buch gefallen?
Gibt es Dinge, die dich gestört haben?
Hast du vielleicht Literaturwünsche?

Schreib uns doch gerne eine E-Mail unter:

---

kontakt@fortschrittsverlag.de

Wir freuen uns über dein Feedback!

www.ingramcontent.com/pod-product-compliance
Lightning Source LLC
LaVergne TN
LVHW091410190726
843491LV00006B/1353

* 9 7 8 3 9 1 1 3 2 3 0 4 8 *